AF559216

Demokratie im Kreuzfeuer

Christoph David Piorkowski ist Journalist und Autor. Er schreibt hauptsächlich geistes- und sozialwissenschaftlich fundierte Gesellschaftsanalysen und politische Feuilletons. Unter anderem arbeitet er für den *Tagesspiegel*, den *Deutschlandfunk* und das *Philosophie Magazin* und war mehrfach für den Georg von Holtzbrinck Preis für Wissenschaftsjournalismus nominiert. Schwerpunkte seiner Arbeit sind NS- und Holocaustforschung, Antisemitismus, Rassismus, Rechtsextremismus sowie Demokratie- und Autoritarismusforschung.

Christoph David Piorkowski

DEMOKRATIE IM KREUZFEUER

Die Krise der liberalen Ordnung und die Internationale des Autoritarismus

(M) | METROPOL

Im Gedenken an Amory Burchard

ISBN: 978-3-86331-761-4

Ansbacher Str. 70 · D–10777 Berlin
www.metropol-verlag.de

Druck: AALEXX Druck Produktion, Großburgwedel

Inhalt

Die Krise besteht gerade in der Tatsache, dass das Alte stirbt und das Neue nicht zur Welt kommen kann: in diesem Interregnum kommt es zu den unterschiedlichsten Krankheitserscheinungen.

Antonio Gramsci

Einleitung

Winter 1989, das zweite Jahrtausend christlicher Zeitrechnung mündet in seine letzte Dekade.[1] Ohne großes Getöse ist der Vorhang gefallen, fast als wäre er aus Seide, nicht aus Eisen gewesen. Der Realsozialismus ist förmlich kollabiert, das liberal-demokratische Ordnungsmodell bleibt als Sieger der Systeme auf der Weltbühne zurück. Wie im Rausch erklären sich die liberale Demokratie und ihre Wirtschaftsweise, der Kapitalismus, zur Formvollendung der menschlichen Geschichte.

Der dialektische Dauerlauf schien nun beendet, der Weltgeist hatte sich vollends entfaltet, die globale Gesellschaft war endlich am Ziel. Das Politische wurde zum Hintergrundrauschen, bloß Abwarten und Zuschauen stand auf dem Programm: Die Wonnen von Marktwirtschaft und Parlamentarismus würden bald auch die letzten Weltwinkel erreichen und eine ewige Gegenwart der Freiheit begründen. Die Geschichte selbst, das Prozesshafte der Menschheit, galt nun als Merkmal vergangener Zeiten. Die Zukunft war jetzt – gekommen, um zu bleiben. Was Stefan Zweig für seine ungetrübte Kindheit im Wien der Donaumonarchie konstatiert hat, beschreibt präzise auch die Wahrnehmungsweise der meisten Europäer in den Nachwendejahren.

> „Alles Radikale, alles Gewaltsame schien bereits unmöglich in einem Zeitalter der Vernunft. [...] Mit Verachtung blickte man auf die früheren Epochen mit ihren Kriegen, Hungersnöten und Revolten herab auf eine Zeit, da die Menschheit eben noch

> unmündig und nicht genug aufgeklärt gewesen. Jetzt aber war es nur noch eine Angelegenheit von Jahrzehnten, bis das letzte Böse und Gewalttätige endgültig überwunden sein würde. […] Was von Katastrophen sich allenfalls draußen an der Weltperipherie ereignete, drang nicht durch die gut gefütterte Wand des ‚gesicherten' Lebens."[2]

Tatsächlich schien die westliche Demokratie bald zum politischen Exportschlager zu werden, die dritte Demokratisierungswelle erfasste viele Länder des zerbrochenen Ostblocks, der richtige politökonomische Dünger sollte zu blühenden Landschaften führen.

Doch Vorstellung und Wirklichkeit fielen auseinander. Euphorie und Illusion sind ein paar Jahrzehnte später vielerorts bleierner Ernüchterung gewichen[3] – und teilweise in nackte Angst umgeschlagen. Risse klaffen in der Wand des „gesicherten Lebens". Die liberal-demokratische Gesellschaftsordnung wird in einem Zangenangriff attackiert, aus ihrem Inneren genauso wie von außen bedroht. Autoritäre Rechtspopulisten, radikale Formen des politischen Islam, ein reaktionär-imperialistisches Russland, der totalitäre Staatskapitalismus eines wirtschaftlich nach Westen ausgreifenden Chinas: Alternative Gesellschaftsentwürfe fordern die Lebensform des Liberalismus, die sich selbstgewiss als alternativlos verstand, auf breiter Front heraus – mit offenem Ausgang. Als autoritäre Gegenmodelle zum lange Zeit tonangebenden System bleiben ihre ideologischen Konstrukte doch stets auf den Westen als Feindbild bezogen.

Im Folgenden werden die Anfechtungsformen des Liberalismus genauer unter die Lupe genommen. In den ersten beiden Kapiteln stehen die autoritäre Rechte und der Islamismus im Mittelpunkt – und damit zwei transnationale Bewegungen, die sich ihrerseits scheinbar als Feinde begegnen, in ihren Einheits- und Reinheitsfantasien, ihrer radikalen Sehnsucht nach dem unbefleckten Ursprung und der regressiven Antwort auf die Wirren der Moderne aber sehr viel mehr gemeinsam haben, als es zunächst scheint. Dabei sind beide Bewegungen Produkte der Moderne, gegen die sie mit modernsten Mitteln agitieren (freilich nur gegen bestimmte Aspekte derselben), und tief in ihre Dialektik verstrickt. Sie reagieren repressiv auf jede Emanzipation, auf die freie Entfaltung der Individuen, die das stahlharte Gehäuse der Gemeinschaft zersprengen. Beide wollen gleichsam vorwärts zurück, in eine Retrotopie[4] des angestammten Lebens, als das „Volk" und die „Umma" (die Gemeinschaft der Muslime) noch angeblich jeweils identisch mit sich waren.

Der autoritäre Rechtspopulismus als spätmoderne Fortsetzung des völkischen Faschismus ist wie dieser nicht bloß Reaktion auf Freiheits*gewinne*, sondern auch auf die sozialen und mentalen Verwüstungen, die kapitalistische Gesellschaften befördern. Frei nach Adorno ist der Faschismus stets auch das Wundmal einer Demokratie, die ihrem eigenen Begriff bis heute nicht gerecht wird.[5] Rechtspopulismus und Rechtsextremismus sind die fatale Reaktion auf das Gute und das Schlimme, das mit dem Liberalismus in die Welt gekommen ist.

Ähnliches gilt für den Islamismus auch, der – zumindest in einem seiner dominanten Stränge – in der ersten Hälfte des 20. Jahrhunderts als antikoloniale Bewegung reüssiert. Mit der Fetischisierung einer goldenen Ära der wenigen als rechtgeleitet geltenden Kalifen wird auf den „Verfall" der Sitten reagiert, auf den Wandel im Kontext der Modernisierung, den Ausbruch aus dem identitären Korsett – doch zugleich auf die Eroberung und Unterdrückung durch die kolonialistischen Usurpatoren. Denn die Aufklärung rückt mit Kanonenbooten an. Die Freiheit, die sie so stolz vor sich herträgt, ist in erster Linie allein als Freiheit weißer männlicher Besitzbürger gedacht – es ist die Freiheit des Kapitals, auf Raubzüge zu gehen. Doch im Ideen-Arsenal des liberalen Skripts konnten auch jene ein Freiheitswerkzeug finden, die von weißen „Liberalen" nicht weniger geknechtet wurden als von der Knute überlieferter Normen. Auch Islamismus ist eine falsche Reaktion auf Freiheit und Unterdrückung zugleich: Zwar wendet er sich gegen die Herrschaft des Westens, doch auch gegen jedwede Emanzipation. Er terrorisiert denn auch häufig Muslime, die seiner rigiden Exegese nicht folgen.

Im Raster der Kritischen Theorie, und mithin im Röntgenblick der Psychoanalyse, erscheinen Faschismus und politischer Islam als Symptome einer kollektiv-narzisstischen Kränkung. Ein pathisch-projektiver Antisemitismus ist der ideelle Glutkern beider Phänomene, die Widersprüche der modernen Gesellschaft werden „dem Juden" als vermeintlichem Verursacher der Auflösung von Identität angelastet.[6]

Aus einer Kränkung speist sich auch die Großmannssucht des Herrschers im Kreml, Wladimir Putin, dessen Russland zusammen mit dem China Xi Jinpings im dritten und vierten Kapitel Thema ist. Ideologisch dem Rechtspopulismus verwandt, mit ihm einig im Hass auf alles Liberale, unterscheidet ihn doch etwas von jenen Akteuren, die im Innern der liberalen Welt laborieren – und zwar die imperialistische Machtperspektive. Dabei nährt sich Putins kriegerischer Revisionismus nicht zuletzt aus dem russischen Empfinden, vom Westen seit den 1990er-Jahren häufig gedemütigt worden zu sein. Der Phantomschmerz im Angesicht des amputierten Großreichs war in Russland zunächst kein dominantes Gefühl. Man meinte nicht, einen Systemstreit verloren, sondern den Kommunismus abgeschafft zu haben. Dem in Russland heute verbreiteten Groll ob des Verlustes historischer Größe gingen die realen ökonomischen Verluste eines Teils der russischen Bevölkerung voraus. Die liberale Demokratie wird in Russland vielfach mit der Schocktherapie assoziiert, als die der plötzliche Umbau der sowjetischen Planwirtschaft zum Raubtierkapitalismus erschien. Im postsowjetischen Russland unter Jelzin ließen die

Oligarchisierung auf der einen und das Elend der Massen auf der anderen Seite Träume auf ein besseres Leben zerplatzen, wodurch sich ein allgemeines Schmachempfinden überhaupt erst Bahn brechen konnte. Dieses wurde propagandistisch bespielt und in revanchistische Gelüste umgemünzt.[7]

Während Russland die sogenannte westliche Welt vor allem militärisch herausfordert, sagt „das Reich der Mitte" ihr, zumindest aktuell, zuförderst im polit-ökonomischen Feld den Kampf an. Die Bedrohung durch das „chinesische Modell" ist in Europa schon seit Längerem Thema. Der chinesische Parteistaatskapitalismus, politisch repressiv, doch ökonomisch erfolgreich, geriert sich als hochpotente Alternative zur im Sinkflug befindlichen Demokratie. Der alte Mythos des Liberalismus, freie Marktwirtschaft bringe freie Bürger hervor, scheint durch China als solcher entlarvt. Ohne Zweifel können volkswirtschaftliche Erfolge auch politisch unfreien Gesellschaften gelingen. Dabei ist Chinas Abgrenzungspathos gegen den westlichen Liberalismus nicht ohne die koloniale Ära zu verstehen, nicht ohne jene Zeit, die heute in China als das „Jahrhundert der Demütigung" gilt. Auch hier ist die Kränkung ein Keim von Aggression.

Rechtspopulismus, Islamismus, Putins Russland und das China Xi Jinpings: Zwei transnationale Ideologien, die sich im Innern und außerhalb der liberalen Welt von deren Erfolgen und Fehlern ernähren, und jene beiden Staaten, die den Liberalismus aktuell wohl am meisten bedrohen, werden in diesem Essay näher beleuchtet. Womit genau haben wir es eigentlich zu tun? Wie sehen die Ideologien und Gesellschaftsmodelle der autoritären Widersacher aus? Wie erringen oder handhaben sie ihre Macht? Und warum scheinen viele Menschen auf dem Globus mit Autoritarismen eher zu liebäugeln als mit der liberalen Demokratie?

Das Schlusskapitel antwortet auf letztere Frage und nimmt Fäden aus den früheren Abschnitten wieder auf. Inwiefern treibt der Liberalismus Attacken gegen ihn aus sich selber hervor? Wie sind die sozio-ökonomischen Dynamiken und die historischen Erblasten beschaffen, die dieser Lebensform Angriffe bescheren? Muss das große liberale Skript mit sich über sich hinausgeschrieben werden, um sein zivilisatorisches Erbe zu bewahren? Gesellschaften, in denen alle gleichermaßen frei sind, substanziell und nicht nur formal, in denen individuelle und kollektive Freiheiten sich produktiv ergänzen, sind prinzipiell möglich. Der Status quo aber scheint immer wieder zu Verwerfungen zu führen. Wer also lediglich bemüht ist, diesen zu erhalten, muss womöglich ewige Abwehrschlachten schlagen. Wenn die liberale Demokratie es nicht schafft, sich aus ihrer eigenen Verkrustung zu lösen, könnte sie womöglich an ihr Ende gelangen.

I.
Völkische Rechte

An einem wolkenverhangenen Tag im November 2023 treffen sich völkisch gesinnte Aktivisten, um in einer pittoresken Villa in Potsdam in rechtsnationalen Fantasien zu schwelgen. Martin Sellner, prominenteste Stimme des deutschsprachigen Zweiges der Identitären, stellt einen sogenannten Masterplan vor: Ausländer und Deutsche, die nicht deutsch genug erscheinen, sollen dazu gebracht werden, das Land zu verlassen, dann, wenn die „Alternative für Deutschland" endlich die Macht übernommen haben wird. Man will die Deutschen von der Deutschvergessenheit erlösen, die die linksliberale Propaganda bewirke, dem Volk seine eherne Gestalt wiedergeben, die durch Zuzug vermeintlich verunstaltet werde. Die pluralistische Gesellschaft soll der Volksgemeinschaft weichen, der *demos* im *ethnos* aufgelöst werden. Identitäre, AfD-Anhänger und Werteunionisten sinnieren darüber, wie man diejenigen loswird, in deren Adern vermeintlich falsches Blut zirkuliert.

Die ideologische Verwandtschaft und der personelle Filz zwischen den neurechten Bewegungs-Faschisten, dem parlamentarischen Rechtspopulismus und radikalisierten Konservativen werden hier wie unter einem Brennglas offenbar.[1] Was die rechte Szene am Lehnitzsee besprach, ist mit der Würde des Menschen wohl kaum zu vereinbaren.[2] Die AfD und ihre Vorfeldorganisationen sind mit der liberalen Lebensform verfeindet. Und doch sondert der autoritäre Populismus mitunter zumindest schmale Lippenbekenntnisse zum Grundgesetz und zur Demokratie ab. Die NSDAP ist da ehrlicher gewesen. Am 30. April 1928 druckte der *Völkische Beobachter* einen Leitartikel des späteren Propagandaministers Joseph Goebbels, der die Ziele der Nazis ohne Umschweife benennt:

> „Wir gehen in den Reichstag hinein, um uns im Waffenarsenal der Demokratie mit deren eigenen Waffen zu versorgen. Wir werden Reichstagsabgeordnete, um die Weimarer Gesinnung mit ihrer eigenen Unterstützung lahmzulegen. Wenn die Demokratie so dumm ist, uns für diesen Bärendienst Freifahrkarten und Diäten zu geben, so ist das ihre eigene Sache. Uns ist jedes gesetzliche Mittel recht, den Zustand von heute zu revolutionieren. Wenn es uns gelingt, bei diesen Wahlen 60 oder 70 Agitatoren und Organisatoren unserer Partei in die verschiedenen Parlamente hineinzustecken, so wird der Staat selbst in Zukunft unseren Kampfapparat ausstatten und besolden. […] Wir kommen nicht als Freunde, auch nicht als Neutrale. Wir kommen als Feinde! Wie der Wolf in die Schafherde einbricht, so kommen wir!"[3]

Die Schafherde selbst hatte den Wolf hereingelassen, obwohl dieser seine wölfische Fratze nicht verbarg. Auch die heutigen Wölfe sind als solche zu erkennen, auch wenn sie öffentlich zuweilen etwas Kreide fressen mögen, mit dem Doppelspiel aus kalkulierter Grenzüberschreitung und unglaubwürdigem Dementi operieren, damit ihre Kernklientel sie versteht und gleichzeitig die Mitte nicht vollends verprellt wird.

Der autoritäre Rechtspopulismus zielt aus seiner inneren Verfasstheit darauf ab, die Demokratie demokratisch zu vernichten. Er vertritt das Volk letztlich gegen sich selbst. Doch hat er ein paar Anpassungsleistungen vollzogen, die ihn vom klassischen Faschismus unterscheiden. Was macht diese schillernde Polit-Figur aus?

Das gute Volk gegen die böse Elite

Die Politikwissenschaft beschreibt den Populismus, der seit der Jahrtausendwende erstarkt, mitunter als „dünne Ideologie", die ein „grundgutes Volk" in Opposition zu den „falschen Funktionseliten" profiliert. Der populistische Tribun betritt die Arena, um das Volk mit hochgekrempelten Ärmeln aus dem Würgegriff der bösen Eliten zu befreien. Eine Rhetorik, die das Volk mit der Elite kontrastiert, wird indes, zumindest ansatzweise, in den meisten politischen Lagern verwendet – zumindest bei jenen auf der Oppositionsbank. So verstanden, wäre Populismus zunächst eine hergebrachte Weise politischer Stilistik, ein Methodengeschirr, das verschiedenen Politikformen oberflächlich aufgesattelt werden kann. So existiert etwa auch ein libertärer Populismus. Wenn der FDP-Politiker Wolfgang Kubicki auf dem Gipfelpunkt der Corona-Pandemie öffentlich bekundet, sich von „denen da oben" nicht den Gang in die Stammkneipe verbieten zu lassen, ist das eine klar populistische Rhetorik.

Um sich zum „autoritären Populismus" zu erweitern, müssen zum selbsterklärten *Antielitismus* jedoch weitere Merkmale hinzukommen. Der Politikwissenschaftler Jan-Werner Müller nennt hier zuvörderst den *Antipluralismus.*[4] Das sogenannte Volk spricht für Donald Trump und Co. im Grunde stets mit einer einzigen Stimme. Das System demokratischer Institutionen ist den Populisten somit notwendig verhasst. Parlamentarische Interessenvermittlung – kennzeichnend für liberale Demokratien – ist nicht nötig, weil alle, die zum Volk gezählt werden, ja ein und denselben Willen artikulieren. Wer anderes will, gilt schnell als Verräter und wird von Populisten in der Regel nonchalant aus der Menge des Volkes herausdefiniert. Das *Volk* ist hier ein vorpolitischer Begriff,[5] die empirische *Bevölkerung* spielt somit keine Rolle. „Wir sind das Volk" heißt: „*nur* wir sind das Volk".[6] Eine Massendemonstration gegen ihre Nazipropaganda kann es für die AfD eigentlich nicht geben, die Demonstranten gelten als von oben gesteuert, Demo-Bilder werden schlicht zu Fake News erklärt.

Zur Stimme des Volkes hat der Möchtegern-Führer einen bauchgefühlten, also direkten Draht. Die Wahlurnen können bloß nachträglich bestätigen, was Populisten meinen, längst innezuhaben: ein direktes, imperatives Mandat und eine organische Verbindung zum Volk. Der Populismus ist nicht gegen Eliten per se – er profiliert die „natürliche Elite" der Gemeinschaft gegen die „künstliche Elite" der Gesellschaft. Werden rechte Machthaber wie Trump und die polnische PiS-Partei nicht wiedergewählt, müssen die Funktionseliten getrickst haben, um die vom Schicksal Erwählten davon abzuhalten, den wahren Volkswillen zu exekutieren. Ein solches „Demokratie"-Verständnis muss jeden Kompromiss als Hochverrat verurteilen und mündet direkt in den Sturm aufs Kapitol.

Aus dem antidemokratischen Volksfetischismus folgt außerdem ein radikaler Nationalismus. In einer Zeit immer tieferer globaler Verflechtung, da Identitäten zusehends zerfransen und transnationale Institutionen die Souveränität von Nationen beschränken, wird das angeblich Eigene zum mythischen Fluchtpunkt.[7] Neben der „Das-Volk-gegen-die-da-oben-Rhetorik", neben Antipluralismus und dem Pathos der Gemeinschaft – Formeln, die auch Linkspopulisten gebrauchen – ist der autoritäre Rechtspopulismus indes mit weiteren „Essentials" des Faschismus gespickt, die je nach Radikalität einer Partei in unterschiedlichem Ausmaß begegnen: einem radikal völkischen Nationen-Begriff, dem Pochen auf ethnische Unterschiedlichkeiten und die exklusive Stellung des eigenen Volkes, der Idee einer natürlich-hierarchischen Ordnung und dem Bild von Gesellschaft als permanentem Kampf. Der Unterschied zu klassisch faschistischen Bewegungen liegt dem Forscher Cristóbal Kaltwasser zufolge zuvörderst im unbedingten Festhalten an Wahlen[8] und darin, dass heutige Rechtspopulisten zu einem Kult der Gewalt auf Distanz zu gehen scheinen.

Die Braun- und Schwarzhemden haben nie verhehlt, die Demokratie zerstören zu wollen, eine ungeschminkte Brutalität war von Beginn an ihr großes Versprechen. Ungarns Ministerpräsident Viktor Orbán meint hingegen zwar „antiliberal", aber keineswegs „antidemokratisch" zu sein. Die Demokratie wird heute schleichend ermordet, wie die Politologen Steven Levitsky und Daniel Ziblatt ausgeführt haben.[9]

Der Urnengang ist im 21. Jahrhundert zum global-kulturellen Gemeingut geworden, das auch eingefleischte Autokraten nicht ohne Weiteres abschaffen können. Die Rechte hat aus dem Scheitern des Faschismus im 20. Jahrhundert ihre Schlüsse gezogen, die elektorale Autokratie scheint das Projekt der Stunde zu sein.

Staatsübernahme und rechte Identitätspolitik

Wie die Beispiele Ungarn und Polen illustrieren, werden Demokratien in der Regel entkernt, sobald Rechtspopulisten an die Macht gekommen sind. Sie okkupieren weitgehend den Staatsapparat, ändern lästige Beamtengesetze und schleusen Loyalisten in verschiedene Behörden. Auch die Justiz wird auf Linie gebracht und als Kontrollinstanz eliminiert. Freie Medien geraten unter Druck. Sofern öffentlich-rechtliche Sender existieren, werden sie, wie etwa in Polen unter der PiS-Regierung, auf das Herstellen von Staatspropaganda verpflichtet. Mittels Massenklientelismus werden die Getreuen bei der Stange gehalten.[10] Wahlgesetze werden perfide geändert, stets zum Schaden der Opposition, die man nach Kräften marginalisiert. Meinungs- und Versammlungsfreiheit werden eingeschränkt. Die Verfassung, die das Volk vor der Macht schützen sollte, wird angepasst und schützt nun die Macht vor dem Volk.[11]

Die vermeintlich eigene Kultur wird gefördert, aggressive Hetze gegen „Fremde" nimmt zu. Was dem Identitäts-Building abträglich ist – Studienfächer wie die Gender Studies – wird legalistisch in die Mangel genommen. Juden, Muslime, Migrantinnen und Queers, Feministinnen und Linksliberale werden als Feinde des Volkes attackiert. Überhaupt ist die „eigene Identität“ der Angelpunkt allen politischen Handelns. Die alte verteilungspolitische Achse, die klassische Rechts-Links-Polarität, spielt nur eine untergeordnete Rolle, der autoritäre Rechtspopulismus experimentiert mit Marktradikalismus genauso wie mit ethnischen Wohlfahrtsstaatsmodellen.[12] Statt Klassenkämpfen werden Kulturkämpfe geführt – *gegen* den „zersetzenden“ Kosmopolitismus, *für* die angestammte Weise zu leben.[13] Eigentlich sozioökonomische Probleme werden in die emotionale Sprache eines ethnokulturellen Krieges übersetzt. Wie Leo Löwenthal, Urgestein der Frankfurter Schule, schon 1949 konstatiert hat, sind die Themen des Agitators entstellte Versionen echter sozioökonomischer Probleme.[14] Ständig wird der Ausnahmezustand beschworen, der Untergang Europas steht immer kurz bevor,[15] die wohlfeile Formel „Take back control“ ist das Mantra der rechten Hetzpropaganda.[16]

Wenn wir ungehemmt Diesel fahren und Nackensteaks grillen, alle den gleichen Phänotyp haben, Frauen wieder Frauen sind und Männer wieder Männer, denen niemand vorschreibt, wie man isst oder spricht, und das nationale Pathos sich Bahn brechen darf, von keinem oktroyierten Gedenken limitiert, scheinen die Probleme des Volkes gelöst. Ökonomische oder symbolische Verluste werden mit der Teilhabe „am Volk“ kompensiert, als vermeintlich zeitloser Identität, die Geborgenheit und Größe wiederherstellen soll.[17] Das Chaos der Spätmoderne soll beseitigt, Migration und Gender Trouble sollen annulliert und die „natürliche Ordnung“ wiederhergestellt werden. Das Uneindeutige und Ambivalente hat im Organismus der Nation keinen Ort, die Menschen haben ihren Platz nicht zu verlassen. Individuen mit ihren spezifischen Wünschen und eigenen Lebensplänen bleiben außer Acht, was einzig zählt, ist die

Gemeinschaft des Volkes als unverrückbare Identität, die von den „globalen Eliten" bedroht werde. In seiner Rede zur Lage der Nation erklärte der ungarische Ministerpräsident Victor Orbán 2018:

> „Ich glaube daran, dass wir Ungarn dann eine Zukunft besitzen, wenn wir Ungarn bleiben. Wir pflegen unsere Sprache, verteidigen unsere ungarische und christliche Kultur [...] Die Voraussetzung jedes zukünftigen Planes ist, dass wir unseren eigenen Weg beschreiten können. [...] Wir besitzen jetzt unsere Unabhängigkeit, aber die ist nicht – wie das der ungarische Spruch so formuliert – so wie die Marmelade, die auf dem Regal erhalten bleibt, sondern man muss sie von Zeit zu Zeit auch verteidigen. Deshalb bitte ich Sie, vergessen Sie nicht, man darf das Schicksal des Landes nicht in die Hand der Internationalisten legen."[18]

Obwohl die autoritären Machthaber die Geschicke des Staates längst lenken, erklären sie, nicht zur Elite zu gehören, die auch weiterhin hinter den Kulissen existiere, um dem guten Herrscher das Herrschen zu erschweren. Hier wird der überall schwelende Antisemitismus zu einer probaten Machttechnologie. Nicht zufällig erklären etwa Orbán und Trump den jüdischen, US-amerikanischen Multimilliardär George Soros zum Staatsfeind, der das Ziel habe, nicht nur das eigene Land, sondern „die ganze Welt" zu destabilisieren. Die historisch überlieferten Verschwörungsnarrative, die „den Juden" die Kontrolle der Hinterbühne zuschreiben, eignen sich für Rechtspopulisten nämlich gut, um etwaige Inkompetenzen zu verschleiern und den eigenen Opfermythos zu bewahren: Die heimlichen Eliten, so die Erzählung, verhindern, dass der Volkstribun sein Werk verrichten kann.[19]

Fraglos sind im rechtspopulistischen Feld regionale Varianzen auszumachen, zum Beispiel ein katholischer Überbau in Polen, ein protestantischer neben einem neopaganen in Deutschland ebenso wie in den USA, ein christlich-magyarisch-turanisch-hunnischer Identitäts-Synkretismus in Ungarn. Doch nicht nur in Bezug auf die Metaerzählung, die Bausteine der Identitäts-Konstruktion, auch im Hinblick auf den jeweiligen Grad an „Extremismus" variieren die diversen Akteure. Die politische Rechte ist ein unscharfes Gebilde, das sich schon auf theoretischer Ebene kaum wirklich trennscharf in Begriffe fassen lässt. National-Konservatismus und völkischer Faschismus gehen nahtlos ineinander über.[20] Zwischen dem Ex-Präsidenten des Bundesamtes für Verfassungsschutz Hans-Georg Maaßen und dem AfD-Rechtsradikalen Björn Höcke liegt ein *gradueller Unterschied* – keine kategoriale Differenz. Auf dem Weg zur Macht mögen manche Rechte durchaus etwas pragmatischer werden, und vielleicht nicht nur aus Gründen demokratischer Mimikry. Andere dagegen zeigen immer selbstbewusster ihr wahres – menschenfeindliches – Gesicht.

So ist die AfD in den vergangenen Jahren sukzessive radikaler geworden. Als sich die Parteichefin a. D., Frauke Petry, vor einigen Jahren mit Marine Le Pen getroffen hat, war das in Deutschland noch ein kleiner Skandal – inzwischen geht die Gründerin des Rassemblement National ihrerseits zur AfD auf Distanz. Während die französischen Rechtspopulisten sich zumindest den Anschein der Mäßigung geben, um das bürgerliche Frankreich für sich zu gewinnen, ist die seriöse Patina in Deutschland kaum mehr nötig, um ein Gutteil des Wahlvolkes an sich zu binden.

Alter Wein aus neuen Schläuchen

Dass der Rechtspopulismus auch in West- und Südeuropa bald mehrheitsfähig sein wird oder schon regiert; dass die viel beschworene Grenze des Sagbaren sich kontinuierlich nach rechts verschoben hat, der „lunatic fringe"[21] aus der Randzone heraus tief in den

Mainstream vordringen konnte, ist auch der sogenannten Neuen Rechten geschuldet. Die seit den 1970er-Jahren allmählich an Kontur gewinnende Strömung liefert den parteipolitischen Rechten einen großen Teil ihres geistigen Rüstzeugs. Mit dem Konstrukt der „Konservativen Revolution", die mit dem NS-Regime angeblich über Kreuz lag, hat es die neurechte Bewegung geschafft, den historisch diskreditierten Faschismus ins heutige Europa hinüberzuretten. In der frühen Bundesrepublik war es zunächst der schweizerische Deutschtümler Armin Mohler, der mit seiner Dissertation versuchte, der Geschichte des Nationalsozialismus eine Art Trotzkismus von rechts einzuschreiben. Rechte Denker der Weimarer Zeit, die in ideengeschichtlicher Hinsicht mehr Weichensteller als Widersacher waren – neben anderen Ernst Jünger oder Carl Schmitt –, sind die geistigen Götzen neurechter Denker, die alten Wein aus neuen Schläuchen servieren. Zentral ist das Bestreben, Begriffe und Haltungen, die aus der faschistischen Ideenwelt stammen, als konservativ oder gar hip auszugeben. Das rechtsextreme Denken soll die Mitte infiltrieren. In Deutschland führte das Scheitern der unverhohlen nationalsozialistischen NPD bei den Bundestagswahlen 1969 zum Umschwenken der rechten Intelligenz, die nun versucht, mit subtileren Methoden dem Volk einen völkischen Geist einzuhauchen.

Armin Mohlers beflissene Schüler sind unter anderem die Gründer des Instituts für Staatspolitik (IfS), Götz Kubitschek und Karlheinz Weißmann, die das kalkulierte Doppelspiel aus radikaler Pose und Selbstverharmlosung perfektionieren[22] – und das Projekt AfD nun mental unterfüttern. Die beiden Männer, die sich in den 2010er-Jahren überwarfen, lancieren heute arbeitsteilig ihren Hass. Weißmann und die rechte Wochenzeitung *Junge Freiheit* bedienen das oberflächlich harmlosere national-konservative und christliche Lager um Alexander Gauland oder Beatrix von Storch. Kubitschek und sein Thinktank IfS, samt Antaios-Verlag und dem

Blog *Sezession*, sind mit der völkischen und neopaganen Gruppierung um den „Flügel“ Björn Höckes verzahnt.[23]

Die Begründer der Nouvelle Droite auf der anderen Rheinseite, wie Alain de Benoist oder Guillaume Faye, die auch in Marine Le Pens Bücherregal einen privilegierten Platz einnehmen, waren und sind mit Akteuren wie Mohler und später mit Kubitschek und den Seinen stets in einem produktiven Austausch begriffen. Wie der Historiker Volker Weiß in seinem fulminanten Standardwerk „Die autoritäre Revolte“ illustriert, versorgten die deutschen Kameraden die Franzosen mit dem rechten Kanon der Zwischenkriegszeit. Die Franzosen wiederum inspirierten die Deutschen, sich auf „Metapolitik“ zu fokussieren, um den vorpolitischen Raum zu erobern.[24]

In einer bewusst aufgebauschten Anlehnung an den linken Denker Antonio Gramsci zielt man auf „kulturelle Hegemonie“. Nicht die Parlamente sind die primären Arenen, sondern zahlreiche Bereiche des öffentlichen Lebens wie Schulen, Universitäten, Gewerkschaften, Vereine, digitale Netzwerke und Jugendkulturen. Die Neue Rechte ist darum bemüht, faschistoide Erzählungen und Tropen gezielt in den öffentlichen Raum einzuspeisen, um das geistige Klima der Gesellschaft zu wandeln.[25] Sie stellt bewusst eine Grauzone her, zwecks modischer und sprachlicher Vermischung der Diskurse. So hat ein Teil der Neuen Rechten auch seit Anbeginn versucht, in linken Subkulturen zu wildern, Symbole und Agenden ineinander verwirrt und sich – wie die Identitäre Bewegung – ein poppiges und subversives Antlitz verliehen, um die Rechte vom Springerstiefel-Image zu befreien. Schon lange wird versucht, die „Nationale Frage“ mit antiimperialistischen Diskursen oder ökologischem Pathos zu verbinden. Die antiliberale Querfront ist das Etappenziel. Umweltschutz kann als Heimatschutz erscheinen, Rassismus wird „Ethnopluralismus“ genannt: Es gehe darum, die Volkskulturen zu erhalten, die der blutleere Gleichmacher „Liberalismus“ seiner imperialen Herrschaft unterwerfe.[26] Dass die an Carl Schmitt geschulte Raum-Theorie, (die auch in Putin und Xi ihre Anhänger findet), der zufolge eine Handvoll Mächte natürliche Einflusszonen besitzt, selbst als imperialistisch gelten kann und das angeblich friedliche Nebeneinander des Ethnopluralismus in der Praxis unterläuft, entlarvt die Camouflage eines klassischen Rassismus,[27] der Kultur aus biologischen Anlagen herleitet.[28]

Die Hauptadressaten der Metapolitik sind aber sicher jene Konservativen, die mit einem Terminus wie „Remigration“ leichter zu ködern sind als mit der Wahrheit, dass Menschen im Zweifel deportiert werden sollen. Wenn dann ein genuin rassistisches Pamphlet wie das folgenreiche Machwerk „Deutschland schafft sich ab“ des SPD-Manns Thilo Sarrazin zum Bestseller wird, hat die Strategie der Neuen Rechten verfangen. Auch wenn Markus Söder von „Asyltourismus“ spricht und sein CSU-Kollege Alexander Dobrindt eine „konservative Revolution der Bürger“, als Antwort auf die „linke Revolution der Eliten“ fordert,[29] hat die neurechte Saat zu keimen begonnen. Da ist ein Ex-Verfassungsschutzpräsident, der eher gegen als für die Verfassung agiert, wie der von seiner ehemaligen Behörde als Rechtsextremist geführte Hans-Georg Maaßen im deutschen Politikbetrieb kaum noch ein Skandal. Karlheinz-Weißmann beschrieb schon 2001 das Anliegen des „Instituts für Staatspolitik“:

> „Uns geht es um geistigen Einfluss, nicht die intellektuelle Lufthoheit über Stammtischen, sondern über Hörsälen und Seminarräumen interessiert uns, es geht um Einfluss auf die Köpfe, und wenn die Köpfe auf den Schultern von Macht- und Mandatsträgern sitzen, umso besser.“[30]

„Wirkliche" und „absolute" Feinde

Eine der einflussreichsten Erzählungen der Neuen Rechten ist der Verschwörungsmythos vom „großen Austausch", der auch bei Maaßen und Sarrazin anklingt und behauptet, die autochthone Bevölkerung Europas solle durch muslimische Migranten ersetzt werden. Fraglos ist der Feldzug gegen „den Islam" und die in Europa lebenden Muslime in den letzten Dekaden zum drängendsten Anliegen rechtspopulistischer Akteure geworden. Doch die Schlacht gegen diesen vermeintlichen Gegner wird von einem größeren Krieg überwölbt. Volker Weiß zeigt mit Blick auf zahlreiche Quellen, dass neurechte Ideologieproduzenten von Alain de Benoist bis Karlheinz Weißmann nicht den Islam als Hauptfeind erachten, sondern den westlichen Universalismus.[31] Alain de Benoist erklärte 2010 im Gespräch mit dem deutschen NPD-Magazin *Hier und Jetzt* mit Blick auf den Islam:

> „Die größte Bedrohung unserer Identität ist keine andere Identität, sondern der politische Universalismus in allen seinen Formen, der die Volkskulturen [...] bedroht."[32]

Der Universalismus wird mindestens implizit als jüdische Machenschaft imaginiert, mit der die „natürliche Volksidentität" von innen heraus zersetzt werden soll. Um den Zweifrontenkrieg begrifflich zu fassen, stützen sich die Denker der neurechten Szene auf eine Unterscheidung ihres Götzen Carl Schmitt. Der hatte zwischen „wirklichem" (oder „konkretem") und „absolutem" Feind unterschieden. Der Islam, erklärt Weiß, werde im neurechten Denken meist als konkreter Feind adressiert, der sich widernatürlich aus seinem Habitat entferne und den „Raum" von Europäern oder Deutschen okkupiere. Man bekämpfe ihn vor allem, weil er „raumfremd" sei – seine Existenz als solche sei nicht das

Problem. Als absoluter Feind gilt den Neuen Rechten ein jüdisch imprägnierter Liberalismus – und dessen Träger, der Amerikanismus –, der schwerer zu bekämpfen sei als „der Islam",[33] weil er die angestammte Identität und den „Geist des Volkes" bereits mächtig korrumpiert und mit Feminismus und queerer Bewegung schon starke Dekadenzphänomene produziert habe.

Dass in den USA mit der Alt-Right-Bewegung, die mit der Neuen Rechten aufs engste verknüpft ist, selbst eine völkisch-heidnische Bewegung noch rechts des christlich-rechten Mainstreams existiert, die es schaffte, sogar das Präsidentenamt zu kapern, stellt das Denken der Nouvelle Droite indessen vor Probleme.[34] Denn das Volk und dessen zeitlose politische Gestalt werden hier eng mit dem „Raum" assoziiert. „Amerika" aber gilt als dunkles Herz einer jüdisch-universalistischen Kultur. Ein „antiamerikanisches" Amerika liegt jenseits neurechter Vorstellungskraft. Umso verdutzter sind die Neuen Rechten, dass der Trumpismus Erfolge feiern konnte. Die Trennung zwischen angreifbarem Feind – „dem Islam" – und dem verborgenen Feind – den USA –, die in einem antisemitischen Wording als „globalistischer Krake"[35] firmiert, ist jedenfalls schwerlich aufrechtzuerhalten, wenn der absolute Feind plötzlich mitmarschieren will. Doch der Antisemitismus, so viel scheint sicher, wird den Antiamerikanismus überleben. An der doppelten Front gegen Juden und Muslime kann die Neue Rechte also unbeirrt festhalten. Die beiden Hassformen werden theoretisch verzahnt und erfüllen doch jeweils ihre eigene Funktion.

Der Politikwissenschaftler Lars Rensmann erklärt dies am Beispiel der Verschwörungsfantasie des „großen Austauschs", die von neurechten Thinktanks lanciert und von allen europäischen Rechtspopulisten – von Meloni und Le Pen bis zu Trump und der AfD – in der ein oder anderen Form propagiert wird. Die als muslimisch gelesenen Migranten, so Rensmann, die die Bevölkerung angeblich ersetzen sollen, gelten im neurechten Denken als

Objekte eines Masterplans der „globalen Eliten", der „Mächte im Hintergrund", ja letztlich „der Juden". Auch hier paare sich antimuslimischer Rassismus, der Widerstand gegen den „wirklichen Feind", mit dem Phantasma eines „absoluten Feindes", der vermeintlich jüdischen Attacke auf „das Volk".[36]

Der Antisemitismus ist, wie Adorno meinte, noch immer eine tragende „Planke in der Plattform",[37] auch wenn er sich heute oft in Chiffren verlautbart. Bei Viktor Orbán, der nicht explizit von Juden sprechen will, doch weiß, dass er verstanden wird, klingt das dann so.

> „In Europa läuft gerade ein Bevölkerungswechsel. Teilweise deswegen, damit Spekulanten, wie Soros selbst einer ist, viel Geld verdienen können. Sie möchten Europa zerstören, weil sie sich davon große Profite erhoffen. Andererseits haben sie auch ideologische Motive. Sie glauben an ein multikulturelles Europa, sie mögen das christliche Europa nicht, sie mögen die christlichen Traditionen Europas nicht, und sie mögen Christen nicht."[38]

Dass „der Islam" sich im „Abendland" ansiedeln konnte, wird im neurechten Denken als fatales Resultat der die Volkskräfte zerstörenden und als jüdisch geltenden liberalen Ideologie interpretiert. Im Fall des Islam, so erklärt Volker Weiß, habe der Gegner eine wirkliche Identität, die fremd ist und die eigene herausfordern mag, mit der man aber theoretisch Frieden schließen könnte, wenn sie in Europa nicht mehr ansässig wäre. Im Fall „der Juden" werde die endgültige Auflösung des Eigenen ins absolute Nichts heraufbeschworen.[39]

Dass das als „ortlos" und „zersetzend" geziehene Judentum im neurechten Diskurs viel grundsätzlicher abgelehnt wird als der „sichtbare Gegner" Islam, hat auch der Antisemitismusforscher Samuel Salzborn deutlich gemacht. Im Rahmen einer Studie zum Religionsverständnis der Zeitschrift *Sezession* erklärte Salzborn, das Christentum werde als „das Eigene“ und der Islam als „das Fremde“ dargestellt, das Judentum aber gelte als das „ganz Andere“. Für „den Islam“ habe die *Sezession* gar eine „furchtvolle Faszination“ entwickelt. „Die Juden“ hingegen stellten „alles in Frage, wofür die ‚Sezession‘ streitet, und werden demgemäß in der antisemitischen Vorstellung identisch mit der Moderne, der Aufklärung und allen universalistischen Weltbildern“ begriffen.[40] Ihnen wird im antisemitischen Denken keine andere Identität zugeschrieben, sondern das, was deren sukzessive Erosion bedingt. Der Antisemitismusforscher Klaus Holz hat die Figur des „Dritten“ eingeführt, um die Position des „ewigen Juden“ im antisemitischen Weltbild zu bezeichnen – eine Rolle jenseits der üblichen „Wir–Die“- oder „Innen–Außen“-Dichotomien.[41]

So sind Rassismus und Judenhass keineswegs identisch. Mit den imperialistischen Ausgriffen der Neuzeit und dem alten christlichen Antijudaismus haben sie je eigene Genealogien. Die verschiedenen Entwicklungsgeschichten dieser Hassformen haben bewirkt, dass sie sozialpsychologisch unterschiedliche Bedürfnisse erfüllen – was nicht bedeutet, dass der eine Hass deshalb weniger schlimm als der andere wäre. Das von Neid auf den religiösen Ursprung geprägte Verhältnis vom Christentum zum älteren Bruder brachte es mit sich, dass das Ressentiment gegen „die Juden“ komplexer strukturiert ist als Rassismen verschiedener Couleur. Antisemiten definieren die Objekte ihres Hasses als schwach und mächtig zugleich. Die Juden gelten zwar als minderwertig, doch auch als heimliche Herrscher der Welt. Rassistische Projektionen werten meist ab, das rassifizierte Subjekt wird unterworfen, es darf leben, solange es seinen Platz nicht verlässt. Der Jude gilt als dämonischer Frevler, als Urgrund und Prinzip alles Bösen auf der Welt und nicht zu akzeptierende Form der Existenz.[42] So erscheint er auch als zentraler Verursacher einer als bedrohlich empfundenen Moderne. In ihm wird die abstrakte Gesichtslosigkeit der Herrschaft von Ökonomie und

Politik gleichsam wahnhaft personifiziert.[43] Der Antisemitismus ist, wie August Bebel sagte, auch der „Sozialismus der dummen Kerls", der zwischen raffendem und schaffendem Kapital trennt, die jüdisch konnotierte „Zirkulations-" von der „gesunden Produktionssphäre" scheidet und hinter dem kapitalistischen Geschehen „den Juden" als Strippenzieher vermutet.

Antisemitismus ist, wie Sartre erklärte, eine „leidenschaftliche Weltanschauung", eine Kulturtechnik, die dabei hilft, die Widersprüche der Moderne zu erklären. So zielt Antisemitismus auch immer darauf ab, eine vermeintliche Urtümlichkeit von ihrer zivilisatorischen Entstellung zu befreien.[44]

„Der Islam" bekleidet, wie Volker Weiß zeigt, im neurechten Denken eine andere Rolle, die durch projektive Hassliebe gekennzeichnet ist. So werden zwei Milliarden muslimische Menschen, die heterogene Community der Umma, als ein uniformer Block fantasiert – als misogyne, homophobe, urzeitlich- maskulinistische Machos. Die völkische Rechte projiziert auf „die Muslime" jene identitäre und urtümliche Strenge, die sie meint, im Westen nicht mehr ausleben zu dürfen. Die liberal-demokratische Weise zu leben habe das „Abendland" derart geschwächt, dass es den noch kriegerisch verfassten Muslimen schlichtweg nichts mehr entgegensetzen könne. So bekämpft man hier laut Weiß auch einen Lebensentwurf, in dem man sich unter anderen Vorzeichen und in Konkurrenz selbst wiedererkenne.[45] Mit Blick auf „die Muslime" ist dies nichts als eine rassistische Phantasmagorie. Was indes Gruppierungen wie die Hamas und andere *islamistische* Bewegungen betrifft, sind Ähnlichkeiten wohl kaum zu verkennen. Nicht nur der archaische Männlichkeitskult, die Angst vor der geschlechtlichen Ungenauigkeit, der Hass auf die liberale Demokratie oder die fixe Idee von Einheit und Reinheit sind Islamisten und völkischen Rechten gemein. Mit den anderen Merkmalen direkt verbunden, teilen sie ein weiteres Ideologem – den eliminatorischen Antisemitismus.

II.
Islamismus

Am 7. Oktober 2023, dem jüdischen Feiertag Simchat Tora, und 50 Jahre nach dem Jom-Kippur-Krieg gegen Israel überwindet ein Killerkommando der Hamas die Sperranlagen des jüdischen Staates und tötet die Soldaten an der Grenze zu Gaza, um sich danach durch den Süden von Israel zu morden. 1139 Menschen werden auf bestialische Weise getötet, zahlreiche Frauen werden massenvergewaltigt, auch Kinder aller Altersgruppen niedergeschlachtet. Die Opfer werden nicht als Israelis attackiert – sie werden als Jüdinnen und Juden ermordet.

Seit sie sich Ende der 1980er-Jahre gegründet und eine Charta formuliert hat, strebt die radikal-islamistische Hamas die völlige Vernichtung des Zwergstaates Israel und seiner jüdischen Bevölkerung an. Auch wenn wohlmeinende westliche Beobachter immer wieder erklärten, so schlimm werde es nicht kommen, und den antisemitischen Vernichtungsfuror als rhetorisches Beiwerk des „Befreiungskampfes" lasen, hat die Hamas in Worten und Taten nie einen Hehl aus ihrer Kernabsicht gemacht. Ihre Charta beschwört einen Krieg gegen „die Juden", der bis zur Auslöschung geführt werden soll – auch über den Kampf um Palästina hinaus.[1] Betrachtet man indes das ideologische Gerüst der Hamas als Filiale der Muslimbruderschaft, kann 10/7 nur wenig überraschen.

1928 gegründet und später aus Ägypten in die Welt exportiert, bildet die Vereinigung der Muslimbruderschaft den Nukleus jenes modernen Phänomens, das, oft mit dem Begriff „Islamismus" bezeichnet, eine bunte Mischung an Gruppierungen umfasst. Diese sind teils untereinander verfeindet und befinden sich zugleich in einer Frontstellung zum „Westen“ – wobei ihre Weltsicht von westlich-modernen antisemitischen Mythen durchformt ist.

Die Worte „Islamismus“ und „politischer Islam“ sind Signifikanten unscharfer Mengen. Die Diskurs-Explosion um das Sujet „Islamismus“ hat die Konturen schließlich vollends vernebelt. Da gibt es jene bornierten Kulturessenzialisten, die aus medinischen Suren zitieren und meinen, Islam und Islamismus zu trennen sei nicht möglich, weil das Textwerk von Sunna[2] und Koran das Politische dem Religiösen einverleiben würde. Es sind die oft rassistisch motivierten Akteure, die dem Islamismus Schützenhilfe leisten, wenn sie *seine* Interpretation des Islam als dessen ewige Wahrheit vermeinen. Denn auch wenn es stimmt, dass politische Momente aus Koran und Hadithen[3] nicht getilgt werden können,[4] ist deren genaue Form nicht kodifiziert. „Der Islam“ ist in theoretischer Hinsicht die Summe exegetischer Möglichkeitsräume. In der Praxis ist er das, was Muslime daraus machen – ein breites Panorama an Lebensentwürfen. Neben muslimfeindlichen Essentialsten gibt es möchtegernlinke Kulturrelativisten, die jede Kritik am radikalen Islamismus zur „orientalisierenden“ Anmaßung erklären, dessen Freiheits-, Frauen-, und Judenhass leugnen und dem antikolonialen Pathos aufgesessen sind.[5] Noch der grausamste Auswuchs islamistischen Terrors wird als „authentische Kultur“ interpretiert, die sich subaltern und moralisch sakrosankt gegen westlichen Imperialismus behaupte.

Beide Extrempositionen liegen falsch – jene, die Islam zu Islamismus erklärt, und jene, die an Letzterem nichts anstößig findet. Was nun macht diese Ideologiefamilie aus, die hier in Ermangelung besserer Begriffe als „islamistisch“ bezeichnet werden soll?[6]

Gegen Unterdrückung und Freiheit zugleich

Islamisten sind trotz ihrer ideellen Schnittmengen mit ultrakonservativen Muslimen in aller Regel Reform-Ideologen, die weite Teile der langen Tradition islamischer Rechtsgelehrsamkeit verwerfen. Eben jene Tradition sei zutiefst korrumpiert, durch fremde Einflüsse marode geworden, das frühe Zersplittern der islamischen Gemeinschaft und ein gotteslästerliches Leben der Muslime hätten den geopolitischen Verfall der ursprünglich glorreichen Umma verschuldet. Deshalb müsse man vorwärts zurück, in der Matrix des Ursprungs die Zukunft codieren.

Die Kolonisierung der muslimischen Welt durch den Westen im 19. und 20. Jahrhundert stellt für nicht wenige in der Region eine exorbitante Demütigung dar.[7] Dabei sind es nicht nur Unterdrückung und Enteignung, nicht bloß die politisch-ökonomische Knechtschaft, in welche die Regionen des Osmanischen Reiches während seines schleichenden Zerbröckelns gerieten. Es ist auch die kulturelle Durchdringung der Lebenswelt, die Übernahme sogenannter westlicher Sitten durch einige muslimisch-urbane Milieus, die eine narzisstische Kränkung beförderten und die islamistische Bewegung hervorbrachten.[8] Der Islamismus ist die pathologische Antwort auf Freiheit und Unterdrückung zugleich; auf die janusköpfige westliche Moderne, die die Idee des autonomen Individuums und seiner persönlichen Befreiung im Gepäck hat – das Gros der kolonisierten Subjekte aber unterdessen gewaltsam unterwirft.

In einer anderen Weltgegend, dem späteren Haiti, hatten bereits Ende des 18. Jahrhundert die Knechte der Kolonialmacht Frankreich rebelliert. Unter Führung des ehemaligen Sklaven Toussaint Louverture beendeten sie die französische Herrschaft im Geiste der Französischen Revolution, die gerade im „Mutterland“ stattgefunden und die Herrschaft des Königs umgestoßen hatte, und gingen über die Aufklärungs-Anliegen der Revolutionäre in Europa hinaus. So machten sie mit dem Gedanken ernst, dass alle Menschen, nicht nur weiße Europäer, auf der Erde als Freie und Gleiche leben sollten. Fast anderthalb Jahrhunderte später bekämpft Hasan al-Bannā, der Gründer der Muslimbrüder, in Ägypten eben nicht nur die koloniale Herrschaft der Briten. Es ist gerade die Idee der *Befreiung des Subjekts* aus dem starren Gehäuse einer ewigen Ordnung, die die Retrotopie einer Zeit provoziert, als die Gemeinschaft noch eins mit sich war, rein, und deshalb zum Siegen erkoren.

Der tunesisch-französische Psychoanalytiker und Islamismus-Experte Fethi Benslama beschreibt den „Wechsel vom Begehren, ein anderer zu sein, hin zur Verzweiflung, man selbst sein zu wollen":[9]

> „In einer Sprache, die im Predigerton daherkam […], errichteten die Islamisten einen monolithischen Islam, der unter keinem inneren Widerspruch leidet, spitzen den Gegensatz zwischen Islam und Westen zu und proklamierten das Projekt der Widerherstellung des Eigenen und Reinen […] durch eine andere Form der Unmittelbarkeit, nämlich den Zugang zur ursprünglichen Ganzheit der Politik. Es ist das Versprechen der Rückkehr in das goldene Zeitalter der Gründung des Islam, in der Ursprung und Befehlsgewalt im selben Prinzip, in den Händen des Propheten-Gründers-Gesetzgebers, dann in denen seiner vier Nachfolger, vereint waren; eine Zeit vermeintlich idealer Gerechtigkeit auf Erden, vor dem Fall in die Spaltung und den inneren Aufruhr […], den die Gemeinschaft in der Folge erlitten hat."[10]

Es ist al-Bannās Landsmann, der Ägypter Sayyid Qutb (1905–1966), späteres Mitglied der Muslimbruderschaft, Spiritus rector der schillernden Bewegung, und Ideenlieferant des politischen Islam über konfessionelle Gräben hinweg, der den „Verfallsbefund" popularisiert. Im Rekurs auf Figuren wie den mittelalterlichen Gelehrten Ibn Taimiya, den Proto-Islamisten Raschīd Ridā und den Islamisten Abū l-A'lā Maudūdī formuliert Sayyid Qutb seine Ideologie.[11] Der Gesellschaft unter Gottes Souveränität, die allein im goldenen Zeitalter herrschte, in der Ära des Propheten und der ersten vier Kalifen, wird jene Gesellschaft gegenübergestellt, in der Menschen sich Souveränität anmaßten. Diese herrsche nun überall dort, wo nicht ein streng islamistisches System nach den Vorstellungen Qutbs existiert.[12] Bereits die Zeit der Umayyaden-Dynastie ab dem Jahr 660 nach Christus, mehr noch die Phase ab 750, da die Abbasiden das Kalifat bekleiden, schließlich die Epoche ab dem 13. Jahrhundert, da der „Mongolensturm" Bagdad verwüstet, und in voller Form die Ära des Kolonialismus werden als Dschāhilīya interpretiert.

Dieser Terminus bezeichnet in der alten Tradition die vorislamische heidnische Kultur, die auf der arabischen Halbinsel bestand. Wie schon Ibn Taimiya oder al-Maudūdī enthistorisiert Sayyid Qutb den Begriff und legt ihn als kollektiven Geisteszustand aus,[13] in den die Umma nach dem „Golden Age" zurückgefallen sei. Er tilgt somit ungefähr 14 Jahrhunderte islamische Geschichte und Rechtsgelehrsamkeit.[14] In der Gegenwart aber müsse der Islam über den Dschihad wiederhergestellt werden; nicht nur gegen den westlichen Aggressor, sondern potenziell auch gegen jene Muslime, die es nicht verdienten, als solche zu gelten – wie der ägyptische Staatslenker Gamal Abdel Nasser und dessen Entourage, die „Freien Offiziere". Die Scharia – oder besser, wie Qutb sie versteht – ist das einzige Gesetz, das Gültigkeit hat und soll den Staat, die Kultur, die Gesellschaft durchherrschen.

> „Dschāhilīya bedeutet Herrschaft des Menschen über den Menschen oder vielmehr Unterordnung unter den Menschen, statt unter Gott. Es meint Ablehnung der Vollkommenheit Gottes und Liebesdienerei gegenüber Sterblichen. In diesem Sinne bezeichnet Dschāhilīya nicht nur einen bestimmten historischen Zeitabschnitt, sondern einen Zustand. Einen solchen Zustand menschlicher Verhältnisse gab es früher, gibt es heute und wird es vielleicht auch in Zukunft in Gestalt von Dschāhilīya, diesem Zerrbild und Todfeind des Islams geben. Immer und überall stehen Menschen vor der klar umrissenen Wahl: entweder das Gesetz Gottes als Ganzes zu befolgen oder die von diesem oder jenem Menschen aufgestellten Gesetze anzuwenden. Im letzteren Fall befinden sie sich im Zustand der Dschāhilīya. Der Mensch [...] muss sich entscheiden: Islam oder Dschāhilīya."[15]

Der empfundene Niedergang der eigenen Größe wird als Resultat der Vermischung gelesen, als Ergebnis einer Erosion des angestammten Daseins, das durch das Fremde vergiftet worden ist – und deshalb zur Beute des Feindes verkommt. Die Rettung kann nur die radikale Rückkehr zum überzeitlichen Eigenen sein. Dieses psychologische Bewältigungsmuster ist schon im 13./14. Jahrhundert bei dem Geistlichen Ibn Taimiya präsent, der – Anhänger der strengen hanbalitischen Rechtsschule – auch den Wahhabismus maßgeblich geprägt hat. Da das Abbasiden-Kalifat 1258 von den Mongolen gestürzt wurde, musste er seine Heimatstadt Harran verlassen. Die Konversion der mongolischen Ilchane zum Islam empfand der Gelehrte als wenig authentisch und wandte sich strikt gegen jede Vermischung mit der mongolischen Kulturtradition.[16] Seine Geistesgenossen des 20. Jahrhunderts hauen in dieselbe Kerbe – der Abstieg hat demnach allein mit dem Abfall von der reinen und reinigenden Lehre zu tun.

Nun hat die Tatsache, dass die islamische Welt gegenüber der christlichen ins Hintertreffen kam, komplexe historisch-politische Gründe. In der Frühzeit dem Christentum weit überlegen, wissenschaftlich, kulturell und militärisch obenauf, hat die „islamische Welt" schon während des Mittelalters sukzessive an Macht eingebüßt. In der Neuzeit hat sie dem christlichen Europa nur selten etwas entgegenzusetzen. Dies aber liegt eher im Festalten am Alten als daran, dass Neues integriert worden wäre.[17] Der türkisch-amerikanische Ökonom Timur Kuran hat etwa gezeigt, dass das islamische Erbrecht die wirtschaftliche Entwicklung gehemmt hat.[18] Jared Rubin hat Ähnliches für das Zinsverbot festgestellt.[19] Auch im Christentum war der Kreditzins verboten, doch die Kirche hat das Dogma allmählich gelockert – oder aber Juden zum Kreditgeschäft genötigt. So konnte sich im Westen Kapital konzentrieren, das dessen ökonomische Machtstellung bedingte. Auch die stärkere Verzahnung von Staat und Religion und das Verbot des Buchdrucks in arabischen Lettern durch den Osmanen-Sultan Bāyezīd II., das vom Jahr 1485 bis 1726 bestand, werden mitunter als Gründe genannt, die den Westen hegemonial werden ließen.[20]

Atatürk in der Türkei und die Pahlawis im Iran folgten der Lesart, dass es gerade das Beharren auf der islamischen Rechtsordnung gewesen sei, durch welches die Muslime abgehängt wurden. Übereifrig in die andere Richtung, forcierten sie die westliche Modernisierung und versuchten, „den Islam" aus der Gesellschaft zu verbannen. Qutb und seine Gesinnungsgenossen folgten fanatisch dem anderen Extrem. Wie al-Maudūdī pointiert formuliert hat, liege die Tragödie eben darin begründet, dass der „wahre Islam" als Gegenbild zum Westen nur mehr als sein eigener „Schatten" existiere.[21]

Fethi Benslama, dessen großes Projekt es ist, die Begriffe der Psychoanalyse auf den Kosmos seiner Herkunftsreligion zu übertragen, hat den Tropus vom „Übermuslim" geprägt. Es gelte, mehr und immer noch mehr muslimisch zu sein, den Islam mithin zu verabsolutieren, das Politische komplett im Religiösen aufzuheben. Die politische Ideologie des Islamismus sei so ihrem Wesen nach *antipolitisch,* da die Menschen sich nicht selbst ihre Ordnung geben dürfen.[22] Jede Form von positivem Recht ist verboten, die demokratische Selbstgesetzgebung des Volkes ist mit der Herrschaft Allahs nicht kompatibel. Gottesstaat und Sakralisierung des Seins sind die Möglichkeitsbedingung auch politischer Größe.

„Die Juden" als dunkles Prinzip der Moderne

Als Verursacher der Dekadenz werden bei Qutb wie im neurechten Denken „die Juden" ausgemacht. Sie gelten als Medium des Liberalismus, als Prinzip der „Entartung" gemeinschaftlicher Ordnung.[23] Wie aber kommt es, dass die Ideologie des Islamismus ihre Feindschaft gegen die „westliche Kultur" mit westlichem Antisemitismus grundiert?

Der verschwörungsmythologische Charakter des okzidentalen Hasses auf die Juden spielte im Islam lange Zeit keine Rolle. Der altislamische Blick auf die Juden unterschied sich deutlich von jenem der Christen. Während die älteren zu Mekka offenbarten Passagen von Juden respektvoll und anerkennend sprechen, enthalten die in Medina entstandenen Suren und das ein oder andere tradierte Hadith zwar durchaus ein jüdisches Sündenregister.[24] Und zwar deshalb, weil das textliche Material in einer historischen Phase entstand, als die jüdischen Stämme Medinas Mohammeds Herrschaftsanspruch zurückwiesen. Die Erzählung von der „jüdischen Weltverschwörung" aber hat eine dezidiert christliche Textur.

Während die islamische Geistes-Tradition die im Kampf um Medina unterlegenen Juden als tendenziell schwach und feige beschrieb, hat das Christentum die älteren Brüder schon in seiner Frühphase dämonisiert. Schließlich wurden sie für den Verrat und die Kreuzigung Christi verantwortlich gemacht. Im Christentum haben die Juden den Propheten, im Islam der Prophet die Juden umgebracht – was ein gänzlich anderes Judenbild bedingte.[25]

Infolge des ungeheuren Vorwurfs vom Gottesmord fantasierten die Kirchenväter „den Juden" zur gleichsam übermächtigen Gestalt, die fortan als ewiger Sündenbock fungierte. Die Phantasmen des christlichen Antijudaismus – vom Ritualmord an Kindern bis zur Brunnenvergiftung – spielten im islamischen Raum keine Rolle. Da die Christen als jüdische Sekte begannen, haben sie sich stärker als der jüngere Islam am Quellmonotheismus abarbeiten müssen.

So sind die antijüdischen Passagen des Korans über weite Strecken der islamischen Geschichte deutlich weniger wirksam geworden als der Antijudaismus der christlichen Kultur. Die Jüdinnen und Juden des islamischen Mittelalters wurden wie die Christen als Schutzbefohlene zwar ebenfalls systematisch diskriminiert, insgesamt aber besser behandelt als in den vom Christentum beherrschten Regionen.[26] Dort, wo die Pogrome an der Tagesordnung waren und der Judenhass als abgelagerte Geschichte schließlich in Massenvernichtung kulminierte. Als sich der christliche *Antijudaismus* in den biologistischen *Antisemitismus* des 19. und 20. Jahrhunderts übersetzte, wirkten die sedimentierten Narrative mit neuen „aufgeklärten" Vorzeichen fort. In der Ära des Kolonialismus schließlich wurde der Verschwörungsantisemitismus in die muslimische Welt exportiert. Der Ritualmordvorwurf wurde 1840 erstmals im Osmanischen Reich erhoben und provozierte eine Reihe von Pogromen an Juden. Bald übersetzten muslimische Gelehrte antisemitische Pamphlete ins Arabische. Und doch geriet das „Gerücht über die Juden", wie Adorno den Antisemitismus genannt hat, erst deutlich später zum Massenphänomen, stieß anfangs gar vielfach auf Kritik von Muslimen.[27]

Selbst die Nazis scheiterten zunächst mit dem Projekt, ihren völkischen Vernichtungsantisemitismus in der arabischen Welt zu verbreiten, da die Menschen dort dem biologistischen Wahn in aller Regel nichts abgewinnen konnten. Die NS-Propaganda erkannte indes bald, dass antijüdische Ressentiments nur theologiebasiert verwurzelt werden konnten. Seit den späten 1930er-Jahren sendeten sie aus dem brandenburgischen Zeesen antisemitische Rundfunkpropaganda in arabischer, persischer und türkischer Sprache in weite Teile der islamischen Welt. Die von dem Historiker Jeffrey Herf ausgewerteten Sendeprotokolle zeugen von einer perfiden Verschmelzung der antijüdischen Quellen des Islam mit den antisemitischen Motiven des Westens.[28] Eine unrühmliche Rolle bei der Implementierung des Antisemitismus im arabischen Raum spielte der palästinensische Mufti und Hitlerverehrer, Amin al-Husseini, der die Propaganda von „Radio Zeesen“ inbrünstig und federführend mitgestaltet hat. Im Jahr 1943 schrieb Heinrich Himmler, Reichsführer SS, seinem Freund, dem Mufti, einen aufwartenden Brief und erklärte, „die Bewegung“ verfolge schon immer „mit besonderer Sympathie den Kampf der freiheitsliebenden Araber, vor allem in Palästina, gegen die jüdischen Eindringlinge“.[29]

Mithilfe von Aktivisten wie Amin al-Husseini und dem Gründer der Muslimbrüder Hasan al-Bannā lancierten die Nazis über Jahre hinweg einen religiös angepassten Antisemitismus, der sicher nicht nur, aber auch aus diesem Grund in vielen muslimischen Ländern verbreitet und mitnichten nur Folge, sondern ebenso Ursache des persistierenden Nahostkonflikts ist.[30]

Der Antisemitismus wurde zu einem Leitbild der islamistischen Muslimbruderschaft, die ab den 1930er-Jahren immer mehr zur Massenbewegung avancierte und deren totalitäres Gesellschaftsmodell sich nicht zufällig zu jener Zeit etablierte, als der Totalitarismus in Europa erstarkte. Genau wie Faschismus und NS-Ideologie strebt der Islamismus einen „dritten Weg“ zwischen Kapitalismus und Kommunismus an. „Der Jude“ gilt den Rechten und den Islamisten als Verursacher beider Großideologien, als

Menschheitsfeind und Gegenprinzip, als personifiziertes Gift der Moderne, als Zersetzer der Einheit von Umma und Volk.[31]

Dabei ist es bisweilen auch *die technische Moderne,* die einen reaktiven Unmut provoziert, doch mehr noch die *gesellschaftliche Emanzipation.* Auch „Technik" gilt mitunter als gemeinschaftserodierend, doch zugleich wird sie zur Machtausübung dringend benötigt.[32] Das Moderneverhältnis bleibt ambivalent. Rechte wie islamistische Akteure kämpfen mit hochmodernen Organisationsformen, militär- und medientechnologisch versiert, gegen die im emanzipierten Juden und in der autonomen Frau symbolisierte Moderne.

Zwischen den Denkern beider Ideologien gibt es auch intertextuelle Bezüge. Dschalāl Āl-e Ahmad und Ali Schariati, zwei Vordenker der islamischen Revolution im Iran, nutzen Begriffe wie „Verwestgiftung" und zitieren westliche Verächter des Westens wie Ernst Jünger und Alexis Carell.[33] Der Historiker Ernst Nolte, der einst den Historikerstreit angestoßen hat, indem er den Holocaust als bloße Reaktion auf die „asiatische Tat" der Gulags definierte, spricht in ähnlichem Duktus von „Okzidentose" und begeistert sich in einem seiner Spätwerke für den „Islamismus als dritte radikale Widerstandsbewegung".[34] Er affirmiert den Bericht des NS-Propagandisten Giselher Wirsing aus den 1930er-Jahren, der beschrieben habe, wie er in einem Café

> „neben weißbärtigen Arabern gesessen habe, die in großer Reihe ihre Wasserpfeife rauchten, und dass plötzlich eine Gruppe junger zionistischer Siedler vorbeigekommen sei: junge Männer und Frauen in leichter Bekleidung, plaudernd und lachend, ihr Arbeitsgerät auf den Schultern. Die arabischen Greise hätten sich höchst befremdet, ja fassungslos gezeigt. […] Für sie stellten diese jungen Zionisten ein Musterbild alles dessen dar, was befremdend und hassenswert an der Moderne war".[35]

Von jüdisch induzierter „Okzidentose" ist auch der Islamist Sayyid Qutb überzeugt. 1948 geht Qutb zwecks Studien für zwei Jahre in die USA. Sein Kontakt mit der US-amerikanischen Gesellschaft verstärkt seinen Hass gegenüber „dem Westen".[36] Dies in Verbindung mit der Staatsgründung Israels verhärtet indes auch seinen Antisemitismus. 1950 erscheint eine Abhandlung, die später zum Standardwerk diverser Islamisten von Kairo über Riad bis nach Teheran wird. Die Schmähschrift „Unser Kampf mit den Juden" ist eine Anklage gegen die moderne Gesellschaft und beschwört einen transhistorischen Krieg. Die Juden bemühten sich seit Mohammeds Zeiten, die Gemeinschaft der Muslime mit List zu untergraben.[37] Seit beinahe 14 Jahrhunderten nun versuchten sie, die angestammte Identität, die von alters her festgefügte Lebensform der Wir-Gruppe, auf hinterhältige Weise zu zersetzen. Auch die Lehren von Karl Marx, Sigmund Freud und Emile Durkheim, die den frommen Glauben, die sexuelle Sittlichkeit und nicht zuletzt die familiale Ordnung erodiert hätten, gelten als perfide Mittel der Juden, um die muslimische Welt zu korrumpieren:

> „Hinter der Doktrin des atheistischen Materialismus steckte ein Jude; hinter der Doktrin der animalistischen Sexualität steckte ein Jude und hinter der Zerstörung der Familie und der Erschütterung der geheiligten Beziehungen […] steckte ebenfalls ein Jude."[38]

Sayyid Qutb zieht alle Register des modernen Verschwörungsantisemitismus. Er geißelt die Juden als Feinde der Muslime, aber auch der Christen und der Menschheit im Ganzen. Seine beflissenen Schüler von Ayatollah Chomeini, dem Führer der iranischen Revolution, bis zur Hamas werden besagte Motive übernehmen und wie Qutb die islamische Erzählung über Juden mit dem aus dem Christentum heraus gewachsenen modernen Antisemitismus verschränken. Textfragmente aus Hadithen und Koran werden von Hamas auf Augenhöhe mit Passagen aus dem Propagandatext „Die Protokolle der Weisen von Zion" bemüht. Durch ihren Reichtum seien die Juden in der Lage, die globale Medienlandschaft zu beherrschen und Revolutionen und Kriege anzustacheln. Wie im Antisemitismus als Allerklärung üblich, werden komplexe historische Prozesse als willentliche Handlungen der Feindgruppe gelesen. Kontingenz wird durch Personalisierung beseitigt.

Die französische wie die kommunistische Revolution, der Erste wie der Zweite Weltkrieg, der Kapitalismus wie der Kommunismus werden den Juden auf ihr Schuldkonto geschlagen. Auch für Imperialismus und Kolonialismus seien sie vollends verantwortlich zu machen. Außerdem, so heißt es in der Charta der Hamas, „regten [sie] die Errichtung der Vereinten Nationen und des Sicherheitsrates an, um [...] die Welt mit Hilfe ihrer Mittelsmänner zu beherrschen".[39]

„Die Juden" und das zionistische Projekt, erklären die Forscher Klaus Holz und Thomas Haury, stehen im islamistischen Antisemitismus, genau wie bei alten und neurechten Nazis, für das Universale und Auflösende. Sie werden als Anti-Volk imaginiert, das für sich selbst nicht lebensfähig sei, sondern für seinen Parasitismus ein vormals gesundes Wirtsvolk befalle.[40] Mit der Formel von klandestiner Herrschaft und Zersetzung – die im klassischen Islam keine Grundlage hat – konnten nicht nur die diversen verlorenen Kriege der arabischen Heere gegen Israel erklärt werden. Islamisten haben damit auch eine Begründung für Zwistigkeiten innerhalb der Umma parat. Von der türkisch-islamistischen Bewegung Millî Görüş oder der Muslimbruderschaft in Ägypten werden die mäßig religiösen eigenen Eliten zuweilen beschuldigt, Krypto-Hebräer zu sein. Besagten Akteuren gelten Atatürk und Nasser mitunter als Agenten des „Weltjudentums".[41] Denn der Islamismus kämpft zuvörderst gegen jene Muslime, die vom „rechten Weg" abgekommen seien, und gegen die Regierungen, denen man vorwirft, die schändliche Trennung von Staat und Religion aus dem dekadenten Westen übernommen zu haben.

Und doch: Trotz seiner Front gegen die „jüdische Moderne" und die vermeintlich korrumpierten Muslime, trotz der Abneigung von türkisch-islamistischen Gruppierungen gegen kemalistisch-laizistisches Gedankengut und der langjährigen Fehde der Muslimbruderschaft mit dem staatssozialistisch übertünchten panarabischen Nationalismus ist der Islamismus selbst „vom Westen" durchdrungen. Sein Kollektivsubjekt ist keineswegs eindeutig bestimmt. Das aus dem Westen adaptierte Konzept der Nation steht in Spannung zur Idee der muslimischen Gemeinschaft. Nicht nur die faschistisch-islamistische Vorstellung von der „türkisch-islamischen Synthese" zeugt davon, dass hier eigentlich konträre Ideen verschmelzen.[42] Auch die Hamas will den islamischen Gottesstaat *und* die Nation Palästina zugleich. Abgesehen vom Rumpfkalifat des IS, dessen beanspruchtes Herrschaftsgebiet quer zu den kolonialen Grenzen verlief, kaprizieren sich auch viele islamistische Akteure auf ethnische und nationale Zugehörigkeiten. Mit Blick auf den modernen Antisemitismus harmoniert die islamistische Erzählung ohnehin mit dem nationalistischen Topos. „Der Jude" gilt in beiden Narrativen als Zersetzer. Doch auch wenn sich der Nationalismus von Nasser in der Feindschaft gegen den jüdischen Staat kaum von dem der Muslimbruderschaft unterschied,[43] standen beide Bewegungen im 20. Jahrhundert in einer harten Konkurrenz zueinander.

Ein Ungeheuer mit vielen Gesichtern

Schon zu jener Zeit, da Ägypten noch eine konstitutionelle Monarchie war, leisteten sich die Muslimbrüder Kämpfe mit den Vertretern der Staatsmacht. Ende 1948 wird der ägyptische Premierminister an-Nuqrashi Pasha von einem Mitglied der Muslimbrüder liquidiert. Sechs Wochen später folgt die Reaktion, der Gründer der Bruderschaft, Hasan al-Bannā, fällt einem gezielten Anschlag zum Opfer. 1952 putschen die Freien Offiziere und leiten die Ära des arabischen Nationalismus ein. Im Kampf gegen den Einfluss des britischen Imperiums zunächst mit Nasser und dessen Anhängern verbündet, entzweien sich die Muslimrüder mit den Militärs. Die Kaderpartei wird bald schon verboten, die Brüder werden in Ägypten verfolgt. Der sich immer radikaler gebärdende Qutb wird 1966 erhängt.

Das Verhältnis zwischen nationalistischen Akteuren und den Islamisten bleibt ambivalent. Auf Phasen harter Repression folgen Zeiten der Entspannung. Anwar as-Sadat, der Nachfolger Nassers, protegiert gar zeitweise die Muslimbruderschaft als Gegengewicht zu westlich-demokratischen oder kommunistischen Milieus in Ägypten.[44] Auch in diversen anderen Ländern, in denen sich die Bruderschaft als Franchise etabliert, steht sie in einer vertrackten Beziehung zu tendenziell säkularen Regimen. Das Spektrum reicht von offener Feindschaft (wie in Syrien) bis zu sichtbarer Einwirkung (wie in Ägypten). Sadat etwa gab der ägyptischen Verfassung ein stärkeres islamisches Gepräge als seine Vorgänger. Dennoch wurde er 1981 – nachdem Ägypten unter seiner Herrschaft als erstes arabisches Land einen Friedensvertrag mit Israel geschlossen hatte – bei einer Militärparade von einem radikalen Islamisten erschossen.

Auch wenn der Islamismus insgesamt bis in die 1970er-Jahre hinein im Nahen und Mittleren Osten ein ideologischer Underdog blieb, haben dessen Anhänger seit seiner Entstehung karitativ und missionarisch gewirkt. Die Muslimbruderschaft und andere islamistische Gruppierungen konnten sich in vielen Ländern nach und nach ein ökonomisch und gesellschaftlich prosperierendes und politisch einflussreiches Schattenreich errichten.[45]

Der Einfluss Qutbs wirkt bis heute auch dort nach, wo die Muslimbrüder selbst keine Machtbasis besitzen. Auf der arabischen

Halbinsel etwa verschmolz sein Gedankengut mit dem des Wahhabismus, mitunter vermittelt durch ägyptische Migranten.[46] Diese in der Mitte des 18. Jahrhunderts ohne direkten Kontakt mit dem Kolonialismus entstandene puristische Form des Islam hat sich aus der ohnehin schon strengen hanbalitischen Rechtsschule entwickelt. Auch der Wahhabismus neigt dazu, einen Großteil der Muslime als ungläubig zu verurteilen. Eng mit dem saudischen Königshaus verbunden, propagiert er einen radikalen Monotheismus: Gräberwallfahrt und Heiligenkultus gelten ihm als Ausdruck von Vielgötterei. So erklärt sich nicht zuletzt seine innige Feindschaft zur schiitischen Glaubensauslegung. Die kultische Verehrung der schiitischen Imame als vermeintlich legitime Nachfolger Mohammeds erachten Wahabiten als satanische Praxis. Die Schändung schiitischer Wallfahrtsgräber – so geschehen im Irak und in Saudi-Arabien – legt ein beredtes Zeugnis davon ab.[47]

Mit dem Phänomen des Wahhabismus verwandt ist die Strömung, die gemeinhin Salafismus genannt wird. Dessen Genealogie ist nicht abschließend geklärt. Neben den Lehren des Wahhabismus selbst, der – so der Islamwissenschaftler Tilman Seidensticker – auf innerislamischen Entwicklungen gründet, hat die nordindische Bewegung Ahl-i Hadīth, die dezidiert antikolonial orientiert war, auf den Salafismus Einfluss genommen.[48] Der Unterschied zum Wahhabismus liegt vor allem darin, dass die enge Verbindung zum Königshaus Saud von den Salafisten aufgekündigt wurde – nicht zuletzt ob der engen Verbindung der Saudis zu Briten und Amerikanern. Alle vier großen sunnitischen Rechtsschulen – selbst der strenge hanbalitische Madhhab – werden vom Salafismus abqualifiziert. Salafisten erachten allein den Koran, die Prophetentradition sowie Glauben und Leben der „frommen Altvorderen" als referenziell.[49] Nicht alle Salafisten sind polit-aktivistisch oder gar gewaltsam-dschihadistisch orientiert, einige suchen den Weg zum Heil in radikaler Frömmigkeit des gläubigen Subjekts – und sind somit kaum als Islamisten zu bezeichnen.[50] Mit Qutbs islamistischer Ideologie teilt der Salafismus seine abschätzige Haltung gegenüber der islamischen Rechtsgelehrsamkeit, die radikale Dschāhilīya-Diagnose und die Projektion einer goldenen Ära. Auch die Ablehnung des Westens, der Mischung mit dem „Fremden" sowie der damit gekoppelte Antisemitismus sind hier verbindende Ideologeme.

Das islamistische Modell des iranischen Regimes ist ebenfalls von Qutbs Gedanken beeinflusst, während es sich gleichzeitig mit Wahhabismus und Salafismus auf Kriegsfuß befindet. Die schiitische Revolutionsideologie hat mit Qutbs Verfallsbefund naturgemäß keine Probleme. Denn nach schiitischer Auffassung ist die sunnitische Geschichtsschreibung ohnehin eine einzige Anmaßung. Allein Ali, der vierte unter den Kalifen, seines Zeichens Schwiegersohn und Vetter des Propheten, wird als dessen statthafter Nachfolger betrachtet – und hätte eigentlich der erste sein müssen.[51] Im streng dynastischen Nachfolgedenken, das alle schiitischen Strömungen verbindet, gilt Ali denn auch als erster Imam (das schiitische Spiegelbild sunnitischer Kalifen, dem aber in deutlichem Gegensatz zu diesem übermenschliche Merkmale eignen).[52] Seine Söhne, Hasan und Hussein, sind die Imame Nummer Zwei und Drei.

Danach verengt sich das Imamat als Vermittlungsinstanz zwischen Gott und den Menschen strikt auf die husseiinidische Linie. Die sunnitischen Anführer seit den Umayyaden (einem Familienverbund aus Mekka, dem auch Mohammed entstammt haben soll) gelten in der Schia als Usurpatoren.[53] Dass auch die ersten drei – von Qutb verehrten – Kalifen sich die religiös-politische Führerschaft der Umma in schiitischer Lesart widerrechtlich angeeignet haben und Ali von Anfang an ausgebootet wurde, konnte Chomeini nicht davon abhalten, Qutb als „ägyptischen Bruder"[54] zu bezeichnen. Widersprüche sind in Ideologien grundsätzlich eher die Regel als die Ausnahme. Das Amalgam aus antikolonialer Rhetorik und einem projektiven Hass auf die Juden, das für die Muslimbrüder maßgeblich ist, eignet auch dem antisemitisch codierten Antizionismus des iranischen Regimes.[55]

Islamismus als neue Leitideologie

1979, das Jahr der islamischen Revolution im Iran und des ägyptisch-israelischen Friedens, ist in ereignisgeschichtlicher Hinsicht das Schicksalsjahr des globalen Islamismus. Seine Zeit scheint nun endgültig gekommen zu sein.[56]

Spätestens nach dem Jom-Kippur-Krieg im Oktober 1973 beginnt der Stern des arabischen Nationalismus zu sinken. Islamisten verschiedener Couleur empfehlen sich als neue Leitideologen. Zugleich spült der immense Anstieg der Rohölpreise Milliarden an Petrodollars in die Kassen der Golfmonarchien, Geld, das nicht zuletzt dazu genutzt wird, einen ultrakonservativen Islam wahhabitisch-salafistischer Prägung in weite Teile der Welt zu exportieren.[57] Ein Vorgang, der paradoxerweise nicht ohne Ayatollah Chomeini zu erklären ist. Denn dessen zementierter Anspruch auf die Macht setzt die Islamismus-Spirale in Gang. Schiitische und sunnitische Akteure geraten gleichsam in einen islamistischen Überbietungswettbewerb.

Am 1. Februar 1979 landet der bis dato exilierte Chomeini auf dem Flughafen in Teheran und lässt sich bejubeln. Das Schah-Regime von Mohammad Reza Pahlewi ist auf dem Müllberg der Geschichte gelandet. Die siegreiche *iranische Revolution*, in der linke und islamistische Akteure gegen das System des Schahs aufbegehrten, wird zur *islamischen Revolution*. Diese fängt an, ihre Kinder zu fressen; macht unerbittlich Jagd auf ihre linken Elemente. Gleichwohl wird die *islamische Republik* Iran ein politisches Zwittergebilde, in dem – auch wenn Chomeini das nicht zugegeben hätte – Bausteine des *westlichen Parlamentarismus* eine zwar lediglich oberflächliche, doch deutlich sichtbare Rolle einnehmen. Das „Eigene" und „Reine" bleibt immer ein Trugbild, Kulturen sind beständig ineinander verflochten, Wirklichkeit und Theorie klaffen auseinander. Ohnehin hat die iranische Theokratie, hat Chomeinis „Herrschaft des Rechtsgelehrten" mit Authentizität nur wenig zu tun. Die Institution dieses obersten Führers als Stellvertreter des 12. Imam – der als Mahdi genannter Messias in der Endzeit der Menschheit wiederkehren soll – kennt in der Schia kein nennenswertes Vorbild. So sind wichtige Teile des schiitischen Klerus, der traditionell quietistisch orientiert war, dem politischen Projekt Ayatollah Chomeinis mit großer Skepsis und Ablehnung begegnet.[58]

Die islamische Revolution hält das nicht auf. Nicht nur wird sie sich mit der Hisbollah und den Huthi später nach Libanon und Jemen ausweiten. Sie wirkt auch als ein elektrisierendes Fanal für diverse sunnitisch-islamistische Akteure, die nun sehen, dass der „dritte Weg" sich durchsetzen kann, auch wenn sie die schiitische Form dieses Weges missbilligen.

Das Jahr 1979 verzeichnet indes noch weitere wichtige Ereignisse, die den Islamismus auf die Weltbühne hieven, wie unter anderen Oliver M. Piecha ausgeführt hat.[59] In Mekka wird die Kaaba, das zentrale Heiligtum des Islam, von einer radikal-salafistischen Gruppierung besetzt, die das saudische Herrscherhaus zur Abdankung auffordert. Die Saudis erwirken bei den wahhabitischen Religionsgelehrten, den 'Ulamā', als der geistigen Stütze ihrer Macht eine Fatwa, also ein Rechtsgutachten, das ihnen erlaubt, die al-Harām-Moschee zu stürmen. Als Gegenleistung legen die Herrscher die Scharia noch strenger aus als bislang und finanzieren mit dem gewaltigen Öl-Kapital einen ultrakonservativen Islam in zahlreichen Weltgegenden.[60]

Und ein weiteres fatales Ereignis erschüttert die Welt in diesem turbulenten Jahr: Die Sowjets fallen in Afghanistan ein. Der globale Dschihadismus beginnt seinen Feldzug, die Mode des Märtyrertodes kommt auf. Die Saudis finanzieren den Heiligen Krieg, auch um die eigenen Radikalen loszuwerden, vor allem aber als Gegengewicht zum schiitisch-politischen Islam im Iran. Wie ihre Verbündeten, die Amerikaner, die von der Logik des Ost-West-Konflikts blockiert sind und alles unterstützen, was dem Kommunismus schadet, fördern die Saudis nun jenes Milieu, das bald schon Gruppen wie al-Qaida hervorbringt – und sie selbst immer wieder in Bedrängnis bringen wird.

Der Siegeszug der Revolution im Iran; die kurze Besetzung der Kaaba in Mekka, der Krieg der Sowjets in den Bergen Afghanistans und der nun vom Ölkapital alimentierte radikale salafistische Islam als Kontrapunkt des schiitischen Projekts rufen in Verbindung mit dem Ansehensverlust des panarabischen Nationalismus infolge der verlorenen Kriege gegen Israel und des ägyptisch-israelischen Friedens die Ära des globalen Islamismus auf den Plan.[61] Seither haben sich Teile der islamischen Welt politisch und gesellschaftlich „reislamisiert".[62]

Gottesstaat oder Herrschaft des Volkes?

Das komplexe Konfliktfeld der muslimischen Welt ist nicht ohne die religions-politischen Umwälzungen zu erklären, die sich seit den 1970er-Jahren ereignet haben. Der ewige schiitisch-sunnitische Zwist wird heute in erster Linie zwischen den regionalen Platzhirschen Iran und Saudi-Arabien und von deren treuen Vasallen in Syrien, sowie im Irak und im Jemen ausgetragen. Er verläuft indes quer zu einer anderen Front, die sich innerhalb des sunnitischen Kosmos aufgetan hat: Dem Bündnis zwischen den Golfmonarchien und der ägyptischen Junta unter as-Sisi stehen den Muslimbrüdern nahe Akteure wie die Türkei und Qatar gegenüber. Dazu zählt auch die Hamas als Schössling der Bruderschaft, die wiederum am Tropf des schiitischen Iran hängt, der ihr helfen will, den „Staat der Zionisten" zu vernichten, und außerdem den innersunnitischen Konflikt politisch meisterlich auszunutzen weiß.[63]

Doch obgleich die Muslimbrüder mit vielen salafistischen Gruppierungen in ständigem Zwist liegen – während der säkulare as-Sisi mit der salafistischen al-Nur-Partei paktiert –, hat der Export wahhabitischen Denkens, der in den 1970er-Jahren vom Golf aus begann, in weiten Teilen der islamischen Welt einen gesellschaftlichen Nährboden geschaffen, auf dem auch das Projekt der Muslimbruderschaft, den Islam zu verabsolutieren, gedeiht. Und zwar schlicht, weil die Losung „Der Islam ist die Lösung", die Hasan al-Bannā einst stolz propagiert hatte, auf deutlich mehr Akzeptanz trifft als früher. Nicht von ungefähr ist der arabische Frühling, als Ruf nach Freiheit und Demokratie, von einem islamistischen Winter überdeckt worden.

Nun gibt es die wohlmeinenden westlichen Beobachter, die in den Muslimbrüdern von heute am liebsten eine Art islamische CDU erkennen wollen und deren ideologisches Bewusstsein ignorieren. Tatsächlich haben sich Teile der heterogenen Bruderschaft inzwischen zum Parlamentarismus bekannt. Statt mit Waffengewalt für die Sache zu kämpfen, wollen sie durch die Institutionen marschieren. Allein, den gleichen Weg gehen auch die Rechtspopulisten, und doch sind sie für Demokratien gefährlich.

Die empirische Wirklichkeit könnte sich gewiss von ihrer theoretischen Einfassung lösen. Vielleicht entfernen sich einst islamistische Akteure in der Begegnung mit dem eigentlich abgelehnten Anderen von der Ideologie des Islamismus, die politisch ja ohnehin nicht einheitlich ist. Nicht einmal für verschiedene Zweige der Bruderschaft, geschweige denn für derart disparate Akteure wie die Taliban und das iranische Regime ist die begriffliche Klammer Islamismus in staatstypologischer Hinsicht zu gebrauchen. Es gibt einen gemeinsamen Hass auf den westlichen Liberalismus. Was es nicht gibt, ist ein einheitliches Ordnungsmodell als Gegenprojekt zum liberalen Skript.[64] Wie auch? Die Scharia als Grundlage islamistischer Politik ist schließlich nicht abschließend kodifiziert. Sie ist kein bewegungsloses Regelgefüge, sondern eine Art lebendige Methode.[65] Auch die genaue Beschaffenheit der Staatsform lässt sich nicht einwandfrei dekretieren. Und sicher ist ein *neues altes Kalifat* nicht der feuchte Traum eines jeden Islamisten. Zu komplex sind die politisch-globalen und auch die lokalen Realitäten, als dass man eine „reine Lehre" umsetzen könnte, die ohnehin viele Auslegungen kennt.

Und doch zeigen die bisherigen Herrschaftsversuche der Muslimbrüder und ähnlicher Akteure eine antidemokratische Grundtendenz auf. Etwa in Gaza und natürlich im Sudan. Aber auch in Ägypten unter dem Ex-Staatspräsidenten Mohammed Mursi, der bis zur seiner Absetzung 2013 zunehmend autoritärer regierte und das Scharia-Recht radikal verschärfte.[66] Selbst jene Islamisten, die sich vordergründig auf den Pluralismus einlassen, lehnen ihn letztlich ab. Eine aus der Deliberation entstandene Selbstgesetzgebung menschlicher Gesellschaften stößt sich an dem Umstand, dass Gottes Gesetz seit Anbeginn und ewiglich Gültigkeit hat.

Auch unter der tunesischen Ennahda-Partei, der oft ein „moderater Islam" unterstellt wird, hing die gerade eingeführte Demokratie deutlich sichtbar am seidenen Faden.[67] Vom islamisch grundierten Nationalismus und Neo-Sultanismus Tayyip Erdoğans ganz zu schweigen.[68]

Nun sind Teile der Scharia auch in vielen nominell säkularen Staaten mit einer muslimischen Bevölkerungsmehrheit – verstärkt seit den 1970er-Jahren – in die offiziellen Rechtsordnungen eingeschrieben geworden. Dies betrifft in den seltensten Fällen die Körperstrafen der Strafrechtsstatuten, sondern vielmehr das tradierte Personenstandsrecht, in dem Frauen massiv benachteiligt werden.[69]

Auch wenn die islamistisch-reformistische Bewegung und die konservative Traditions-Exegese sich wechselseitig mit Ablehnung begegnen und auch konservative 'Ulamā' – etwa an der ägyptischen Universität Azhar – trotz der fehlenden Bereitschaft, Religion und Staat zu trennen, das eine *nicht* im anderen auflösen wollen, wie die Utopie des Islamismus es verlangt, sind sie sich dennoch in einer Sache einig: Beide opponieren gegen toxische Einflüsse einer gesellschaftlichen Modernisierung und so auch gegen weibliche Emanzipation.[70] Die neben Traditionalismus und Reformismus dritte Orientierung, der islamische Modernismus, kann eine bürgerrechtliche Demokratie und den Islam ohne Weiteres miteinander kombinieren.[71] Die beiden anderen Strömungen können es nicht. Den ostentativen Hass auf „den Westen“ als geistig-geografischen Ort der Dekadenz teilen sich Islamisten und Rechtsextremisten. Sie haben ihn auch mit einem Menschen gemein, der außerdem mit diesen wie jenen paktiert: dem Herrscher im Kreml Wladimir Putin.

III.
Russischer Antiliberalismus

Das Monströse dringt, auch wenn es sich langsam entfaltet, ins Bewusstsein oft als plötzliches Geschehen ein. Wer sehen wollte, konnte sehen – dennoch schien das Szenario „Krieg" hinter einer kollektiven Sichtgrenze verborgen: Wenigstens hier, in den Gesellschaften des Westens, die sich heimlich als globale Vernunftavantgarde und friedliches Zentrum des Planeten betrachten. Der Krieg erschien wohl vielen als atavistische Verirrung einer vermeintlich rückständigen Weltperipherie. Am Morgen des 24. Februar 2022 aber erwacht die europäische Öffentlichkeit aus ihrem geopolitischen Schlummer. Die letzten Illusionen vom „Ende der Geschichte" und der „Longue durée" einer befriedeten Menschheit zerbersten mit dem von Wladimir Putin befohlenen Überfall auf die Ukraine. Der Krieg, den Russland seit 2014 – vom Westen kaum beachtet – im Donbass geführt hat, dehnt sich auf das ganze Nachbarland aus. Parallel aus Norden, Osten und Süden fallen russische Soldaten in die Ukraine ein, mit dem Kriegsziel, sie als souveräne Nation dauerhaft von der Landkarte zu tilgen.

Seither ist der geopolitische Diskurs vom Befund einer „Zeitenwende" durchdrungen. Der Angriffskrieg gilt als Kristallisationspunkt eines längst bestehenden Zwists der Systeme, in dem die Putin-Regierung seit vielen Jahren mit hybrider Kriegsführung den Westen befehdet. Russland – so die plausible Erzählung – habe nicht nur seinen Nachbarn mit Krieg überzogen, sondern der liberalen Demokratie als einer Lebensform den Kampf angesagt.

Die vermeintliche Verkommenheit des liberalen Westens ist das vielleicht wichtigste Ideologem konservativer Thinktanks in Russland und Glutkern der putinschen Staatspropaganda. „Der Westen" bildet die Negativfolie der eigenen Identitätskonstruktion, Russland profiliert sich polit-ökonomisch und sozio-kulturell als dessen Antagonist. Wenn es wahr ist, dass wieder Systeme konkurrieren, stellt sich die Frage, *was* „den Westen" hier herausfordert. Folgt der Kreml einer originären Ideologie, einem kohärenten Gegenstück zur liberalen Ordnung? Und wie kam es, dass die russische Föderation, die sich in den 1990er-Jahren politisch und gesellschaftlich gen Westen orientierte, eine radikale Gegenbewegung vollzog?

Zentralistische Autokratie und imperialer Expansionismus werden in westlichen Erzählungen zuweilen als Russlands naturwüchsige Seinsweise missdeutet – als wäre die autoritäre Kultur das ontologische Schicksal der Russen. Wer so etwas glaubt, unterschätzt die Kontingenz als wesentlichen Treiber historischer Entwicklung – und bewegt sich seinerseits im geistigen Dunst der russischen Hardcore-Konservativen und ihrer rechten Kameraden im Westen. Das Putin-Regime ist kein russisches Schicksal. Dass Liberalismus und Demokratie in der russischen Gesellschaft keinen Ankerplatz fanden, hat mit der Art und Weise zu tun, in der diese Konzepte nach Russland gelangten.[1] Die heutige Tragödie liegt weniger in den langen Linien der Geschichte begründet als in den radikalen Umwälzungsprozessen der turbulenten 1990er-Jahre.

Das amputierte Großreich und die Schocktherapie

1985 wird der heute in Russland weitgehend verfemte Michail Gorbatschow[2] zum Generalsekretär der KPdSU berufen. Mit den Reformen-Ensembles Perestroika und Glasnost strengt er einen Umbau der Planwirtschaft an, die Staatsunternehmen bekommen freiere Hand, können nach tatsächlichem Bedarf produzieren. Zugleich dürfen Meinungen sich öffentlich bekunden, die Sowjetunion soll sich kritisch durchleuchten, um ihre verkrusteten Strukturen aufzubrechen. Der Geist, den Gorbatschow damit befreit, begibt sich nicht mehr in die Flasche zurück. Was zur Rettung eines schwächelnden Systems angedacht ist, wird eine grundstürzende Wirkung entfalten[3] – und das Zerbrechen des Sowjet-Imperiums in zahlreiche Einzelstaaten initiieren. Denn Republiken und Regionen fordern Autonomie. Zunächst erklärt Litauen seine Unabhängigkeit, weitere Absetzbewegungen folgen. Selbst das Zentrum des Imperiums – Russland – meutert gegen das Gebilde der Union.[4]

Im Augustputsch von 1991 versuchen Funktionäre der KPdSU, Michail Gorbatschow zur Abdankung zu zwingen. Der dilettantisch geplante Staatsstreich schlägt fehl. Doch es ist nicht Gorbatschow, der davon profitiert, sondern die Demokratiebewegung, die sich nach dem Tod des Physikers Sacharow mehr und mehr um Boris Jelzin formiert hat.[5] Dieser kämpft für einen schlanken Nationalstaat und drängt darauf, das kriselnde Imperium zu zerschlagen, nicht einmal die Währungsunion soll Bestand haben. Am 26. Dezember 1991 hört die Sowjetunion endgültig auf zu existieren. Jelzin wird Präsident der Russischen Föderation, dem Rechtsnachfolger der UdSSR. Der Weltgeist scheint den radikalen Umbau zu fordern, die Zeit der „Schocktherapie" steht bevor. Die Planwirtschaft wird in rasendem Tempo durch den Deregulierungskapitalismus neoliberaler Provenienz abgelöst. Jelzin, Jegor Gaidar und andere Liberale wie Boris Nemzov und Anatoli Tschubais stemmen sich gegen die „chinesische Lösung". Der Markt soll keinesfalls behutsam auf den Plan treten; vielmehr soll der Cut derart bruchartig erfolgen, dass der Kommunismus unmöglich wiederkehren kann.[6] Jelzin meinte später, die „Schocktherapie" sei eine „Notoperation ohne Narkose" gewesen

> „bei vollem Bewusstsein, unter qualvollen Schmerzen. [...] Wahrscheinlich wäre es anders gar nicht möglich gewesen. In Rußland hat es nie etwas gegeben außer der Stalinistischen Industrie, der Stalinistischen Wirtschaft. Dieses System [...] war nicht anders zu zerstören. Wie es geschaffen wurde, so endete es auch, gewaltsam".[7]

Das Gewaltsame aber lag auch darin begründet, dass Liberalismus und Demokratie nicht gleichermaßen gefördert worden sind. Der Fokus lag auf der neoliberalen Wirtschaftsagenda des Washington Consensus: Steuersenkung und Austerität, die Förderung ausländischer Investitionen und eine Deregulierung der Kapitalmärkte standen im Vordergrund. Im gleichen Zug Demokratie einzuführen, wurde von vielen als gefährlich erachtet, da wirklich freie und faire Wahlen den Zombie-Kommunismus hätten aufleben lassen.[8] So priorisierte man die Privatisierung, ohne sich um einen nachhaltigen Aufbau demokratischer Institutionen zu kümmern. Nicht nur die US-amerikanischen Regierungen, auch Akteure wie die Weltbank und der IWF forderten und förderten die „Schocktherapie", Kredite wurden nur jenen bewilligt, die sich dem Washington Consensus unterstellten. Sozialpoltisch flankierende Maßnahmen wie makroökonomische Stabilisierung schienen den Akteuren im Westen nicht geboten.[9] Viel zu euphorisch feierten die Sieger das Schleifen des verknöcherten Sowjet-Systems, als dass man auf die Menschen hätte achtgeben können, die bald massenhaft zu Opfern der Umwälzung wurden.

Die Reformer und ihre Unterstützer im Ausland beruhigten sich mit dem fatalen Argument, man müsse erst die Wirtschaft liberalisieren, was die Bildung einer Mittelschicht zur Folge haben würde, die dann – in einem nachgeordneten Schritt – als Motor der Demokratie dienen könne.[10] Dass wirtschaftliche Freiheit und die Herrschaft des Volkes gleichsam naturwüchsig Hochzeit halten würden, war ein mindestens geschichtsvergessener Irrtum.[11] Statt einer stabilen demokratischen Mitte gedieh nun die Kaste der Oligarchie. Es war die Stunde des Raubtierkapitalismus.[12]

Ab der Phase der Voucher-Privatisierung werden einige wenige unendlich reich, oft aus der alten Nomenklatura.[13] Der Großteil der russischen Bevölkerung aber rutscht bald immer tiefer in die Armut, leidet unter massiv steigenden Preisen bei gleichzeitig sinkenden Löhnen und Renten, unter versteckter Arbeitslosigkeit und dem Abbau staatlicher Investitionen. Das BIP verringert sich kontinuierlich, das Gesundheitssystem ist völlig bankrott, die Lebenserwartung der Russen nimmt ab, sinkt bei Männern von 69 Jahren zur Mitte des Jahrzehnts auf 58 Jahre.[14]

Es ist diese überaus chaotische Phase, die den Boden für den späteren Backlash bereitet – doch nicht zum Kommunismus, wie von Jelzin befürchtet, sondern zum putinschen Autoritarismus und seiner Forderung nach „angestammten Werten“ samt imperialistischer Machtprojektion. Vielleicht hätte ein soziales, demokratisches Projekt einen anderen historischen Weg ebnen können. Doch eine kritische Revision des Neoliberalismus war nicht in Jelzins Sinn, auch die Kritik an seinem zunehmend autoritären Regierungsstil versuchte er mit aller Gewalt zu unterbinden. Nachdem der noch zu Sowjetzeiten gewählte Volksdeputiertenkongress 1993 seinen Verfassungsentwurf abgelehnt hatte, löste Jelzin ihn kurzerhand auf. In der Folge kam es in Moskau zu bürgerkriegsähnlichen Ausschreitungen, in deren Verlauf die von Jelzin kontrollierte Armee das Parlamentsgebäude mit Granaten beschoss – und den Konflikt zu seinen Gunsten entschied.

Im Dezember billigte die russische Bevölkerung per Volksabstimmung die neue Verfassung. Ein neues Zweikammerparlament aus Duma und Föderationsrat ersetzte den alten Kongress der Volksdeputierten. Die deutliche Schwächung der Legislative ging mit neuen präsidialen Vollmachten einher.[15] Bei der Wahl von 1996 schließlich hatte Jelzin – auch aufgrund des gescheiterten Tschetschenienkriegs – derart an Popularität eingebüßt, dass er beinahe gegen den Vorsitzenden der Kommunistischen Partei Russlands, Gennadi Sjuganow, verloren hätte, der vor allem bei Reformverlierern Punkte sammeln konnte. Bei der Wahl gab es zahlreiche Ungereimtheiten, mit allen Mitteln hielt sich das Team-Jelzin an der Macht.[16]

Eine wirklich liberale Demokratie hat es in Russland also niemals gegeben. Der Begriff ist im kollektiven russischen Gedächtnis indes mit genau jener Zeit assoziiert – mit der dekretierten Modernisierung von oben, die unten zu massenhaftem Elend geführt hat. Die „Demokratie" war diskreditiert, ohne dass die Menschen sie kennenlernen konnten.[17]

Dabei fällt auf, dass die territorialen Verluste zunächst nicht mehrheitlich negativ gesehen wurden. Sowohl Liberale als auch Rechtsnationale hielten das Imperium für nicht mehr funktional. So existierte in Russland zwar keine dem Westen vergleichbare Ende-der-Geschichte-Euphorie: Trotzdem gab es eine große Hoffnung auf politischen Wandel und wirtschaftlichen Aufschwung. Die Haltung war verbreitet, nicht den Kalten Krieg verloren, sondern sich des Kommunismus entledigt zu haben. Der Grund für das alsbald einsetzende Leiden am Verlust der geopolitischen Größe ist wohl zuvörderst nicht in diesem selbst zu suchen, sondern in der sozioökonomischen Krise, die das postsowjetische Russland ereilte.[18] Die fatalen Reformen der 1990er-Jahre haben enorme Enttäuschungen befördert. Die mit dem Wandel verbundenen Wohlstandsversprechen erwiesen sich für die meisten Menschen als leer. Dies verband sich mit der allgemeinen Wahrnehmung, vom Westen politisch gedemütigt zu werden.[19]

Erst jetzt begann eine Sowjetnostalgie, an die die Staatspropaganda später anknüpfen konnte, auch wenn hier eher der Zarismus zum Fetisch gedieh. Hauptsache mächtig, Hauptsache groß. Die konkreten sozio-ökonomischen Verluste gingen den empfundenen symbolischen Verlusten des geopolitischen Einflusses voraus. Vor diesem Hintergrund hat sich Wladimir Putin den Russen als Krisenmanager empfohlen. Wie die Forscherin Gwendolyn Sasse erklärt, begann mit dessen Griff nach der Macht ein systematisch vollzogener Prozess immer stärkerer Autokratisierung.[20]

Die Herstellung der Machtvertikale

Putin ist demnach von Beginn an Autokrat, folgt wirtschaftlich aber zumindest am Anfang in vielerlei Hinsicht Jelzins Weg. Er reüssiert als Pragmatiker, nicht als Ideologe. Die 1990er-Opposition, dominiert von einer Art National-Kommunismus, in dem rechte und linke Positionen verschmelzen, hat sich Anfang der 2000er-Jahre neu organisiert. Ein illiberaler Konservatismus begann sich gegen den Liberalismus und den Kommunismus gleichermaßen zu wenden. In ihrer wegweisenden Studie über „Russland und der Westen" hat die Soziologin Katharina Bluhm gezeigt, wie diese vielgestaltige Bewegung in Russland immer stärker den Diskurs okkupiert und Putins zunächst dünnem ideologischen Gebäude auf eklektische Weise zusammengezimmerte, aber doch tragfähige Säulen verschafft.[21] Der illiberale Konservatismus wird nach der zwischenzeitlichen Installierung Dmitri Medwedews als Ministerpräsident im Jahr 2012 zum staatlichen Projekt.

Zunächst aber geht es nicht um Ideologie, sondern um die Aufrichtung der Machtvertikale. Putin, der sich mit dem II. Tschetschenienkrieg von Anfang an als schneidiger Macher inszeniert, legt das oligarchische Regime an die Kandare. Er stellt dessen Medien-Imperien kalt, die Superreichen dürfen ihren Reichtum behalten und werden für ihr „Raubrittertum" nicht belangt, solange sie politisch keinen Einfluss geltend machen. Wer sich nicht daran hält, wie Michail Chodorkowski, muss mit einer Judikative kalkulieren, die unter dem Einfluss des Präsidenten steht.

Die Staatsmacht kapert die wichtigsten Medien, die Opposition in Politik und Gesellschaft wird mit Repression bis hin zu Mordanschlägen drangsaliert. Die ohnehin schwache Duma verliert weiter an Macht. Im Grunde gibt es seit 2003 nur noch eine „Systemopposition", die, von der Präsidialverwaltung kontrolliert, als pseudodemokratisches Feigenblatt dient.[22]

Auch die einflussreichen Gouverneure der Regionen werden von Putin entmachtet. Die Staatsfinanzen werden zentralisiert, die Regionen sind für ihre Investitionen auf Transfers aus den höheren Ebenen des russischen Steuersystems angewiesen. De jure sind die Föderationsobjekte so autonom wie Bundesstaaten in den USA.[23] De facto aber wird ein Zentralismus praktiziert, der in der Tradition des zaristischen Reiches und der stalinistischen Parteiherrschaft steht.[24]

Putin kann seine Machtpyramide, in der der Sicherheitssektor immer mehr an Einfluss gewinnt, fast unbehelligt vom Volk konstruieren. Denn es entsteht eine Art Gesellschaftsvertrag: Stabilität und ökonomisches Wachstum gegen die Entpolitisierung der Gesellschaft. Und tatsächlich floriert die Wirtschaft in den 2000er-Jahren, auch wegen steigender Preise für fossile Energien. Der vor allem auf Rohstoffexporte geeichte staatlich gelenkte Kapitalismus hebt zumindest in Teilen der Bevölkerung das vormals niedrige Wohlstandsniveau. Auch wenn die Schere zwischen Arm und Reich weiter besteht, leben doch die meisten Russen nicht mehr unterhalb des Existenzminimums wie in der Übergangsphase. Die Bevölkerung scheint weitgehend zufrieden zu sein und lässt dem Herrscher im Kreml freie Hand.[25]

Im Jahr 2004 – so urteilt Leonid Wolkow – war die Machtvertikale bereits konsolidiert.[26] Seit 2008 wurde die russische Verfassung mehrfach im Sinne der Machthaber angepasst – zuletzt und umfassend 2020 –, doch auch dort, wo die Herrscher die Verfassung nicht achten, gibt es keine Instanz, die sie dafür belangt.[27] Der nach innen gerichtete Autoritarismus war auch nach der Sowjetzeit ein Machtmittel der Wahl und hat sich in den 2000er-Jahren verschärft. Der nach außen gerichtete Imperialismus, der ab dem Jahr 2014 darauf drängte, die Ukraine als souveränes Land zu verschlingen, war ebenfalls von Beginn an zu beobachten und trat dann zunehmend brutaler und unverhohlener auf.

Selbst Jelzin, der den Regionen noch empfohlen hatte: „Nehmt euch so viel Autonomie, wie ihr schlucken könnt",[28] war in seinem „Antiimperialismus" letzten Endes nur wenig konsequent. Der erste Tschetschenienkrieg legt Zeugnis davon ab. Putin setzte diesen blutigen Krieg gleich zu Beginn seiner Herrschaftszeit fort. Zumindest im Innern der Föderation agierte er schon damals imperial. Die Machtprojektion über die Grenzen hinaus war indes noch nicht so offensichtlich, auch wenn der Kreml ob der Farbrevolutionen 2003 und 2004 in Georgien und der Ukraine und ob der Erweiterung der Nato nach Osten bereits merklich zu zürnen begann.[29]

Der Anspruch, Hegemonialmacht zu sein und als Souverän der Region aufzutreten, zeigte sich dann spätestens 2008 mit Russlands Feldzug im benachbarten Georgien. Bereits 2007 hatte sich der Ton gegenüber „dem Westen" hörbar verschärft. Auf der Münchner Sicherheitskonferenz wandte sich Putin in anklagendem Ton gegen die unilaterale, US-geführte Ordnung und unterstrich den russischen Anspruch auf geopolitische Einflussbereiche sowie eine „souveräne Außenpolitik":

> „Es ist die Welt eines einzigen Hausherren, eines Souveräns. Und das ist am Ende nicht nur tödlich für alle, die sich innerhalb dieses Systems befinden, sondern auch für den Souverän selbst, weil es ihn von innen zerstört.
> Das hat natürlich nichts mit Demokratie gemein. Weil Demokratie bekanntermaßen die Herrschaft der Mehrheit bedeutet, unter Berücksichtigung der Interessen und Meinungen der Minderheit.

> Nebenbei gesagt, lehrt man uns – Russland – ständig Demokratie. Nur die, die uns lehren, haben selbst, aus irgendeinem Grund, keine rechte Lust zu lernen.
> Ich denke, dass für die heutige Welt das monopolare Modell nicht nur ungeeignet, sondern überhaupt unmöglich ist. Nicht nur, weil für eine Einzel-Führerschaft in der heutigen – gerade in der heutigen – Welt weder die militärpolitischen noch die ökonomischen Ressourcen ausreichen. Was noch wichtiger ist – das Modell selbst erweist sich als nicht praktikabel, weil es selbst keine Basis hat und nicht die sittlich-moralische Basis der modernen Zivilisation sein kann."[30]

Putin stellt die Hierarchie der Mächte infrage und erklärt, dass sich Russland nichts vorschreiben lasse. Wobei er zugleich keinen Zweifel daran lässt, die Politik seiner Nachbarn bestimmen zu wollen. Und doch spricht er 2007, kurz vor dem Ämtertausch mit Dmitri Medwedew, noch von einer Kooperation der Systeme. Noch immer ist die Staatselite tendenziell pragmatisch, auch wenn sie mit Blick auf die russische Geschichte längst einen Anspruch auf Größe geltend macht. Als Putin 2012 dann erneut Präsident wird, werden nicht bloß Repressalien im Innern gesteigert und Proteste gegen seine Rückkehr zerschlagen. Die Staatsmacht lädt sich auch ideologisch auf, giert nach einem eigenen und angestammten Ethos. Dem vermeintlich verkommenen und absterbenden Westen, dem Antipoden und vollendeten Feindbild, werden die gesunden und ewigen Werte des russischen Kosmos entgegengehalten.

Ideologische Aufladung

Wie aber sehen diese Werte aus? Wie wird die kollektive Identität über die Abgrenzung vom „Westen" hinaus konkret, in positiver Hinsicht, bestimmt?

Katharina Bluhm legt minutiös dar, wie die wilden 1990er-Jahre als intellektuelles Laboratorium der antiliberalen Bewegung fungierten. Slawophile, Nationalbolschewisten, orthodoxe Monarchisten und Neoeurasier bilden das diffuse Feld der Opposition. Der illiberale Konservatismus,[31] ein in sich vielfach zersplittertes Gebilde, wendet sich ab den 2000er-Jahren gegen beide universalistischen Ansätze – gegen Liberale und gegen Kommunisten, um Russland eine neue alte Richtung zu weisen. Mit Putins erster Präsidentschaft gewinnt er an Boden, ab 2012 wird er staatlich gefördert.[32] Dabei bezieht das Putin-Regime kein endgültig fixiertes ideologisches Gebäude, sondern bedient sich kontextuell im Fundus rechter Ideenarsenale; pusht Ideologen, wenn es sie braucht, und schaltet sie stumm, wenn es politisch opportun ist.[33]

Ein enger ethnischer Nationalismus – als eine der Strömungen des Konservatismus – bringt für ein polyethnisches Imperium kein probates Kollektivsubjekt hervor. Und doch spielt das Regime bisweilen die ethnische Karte, um Ressentiments zu schüren, wenn es nützt – etwa gegen Menschen aus dem Nord-Kaukasus.[34]

Der klassische Eurasianismus hingegen, der zu Beginn des 20. Jahrhunderts Russland als eigenen Binnenkontinent zwischen Europa und Asien erfindet und sich eher „dem Osten“ als „dem Westen“ verwandt wähnt, läuft Gefahr, die Identität zu verwässern. Zu positiv werden der mongolische Einfluss und die Herrschaft der Tataren gewertet, deren „Joch“ der „Patriot“ abschütteln musste, um die „russische Erde“ wieder „einsammeln“ zu können. Wo die „Goldene Horde“ statt der „Kiewer Rus“ zum Ursprung des russischen Reiches erklärt wird, ist die nationalistische Empörung garantiert – auch dann noch, wenn etwa der Eurasier Lew Gumiljow die Russen zum führenden „Superethnos“ des multiethnischen Eurasiens erklärt.[35]

Zwar erfuhr der Eurasianismus, wie Katharina Bluhm sehr detailliert zeigt – seit den 1990er-Jahren eine ganze Reihe neuartiger Interpretationen. Für Alexander Panarin etwa wird die „russisch-orthodoxe Kultur" zum leitenden Stern des eurasischen Raums. Und Alexander Dugin vermengt Eurasianismus mit dem Großraumdenken europäischer Faschisten, allen voran mit dem Denken Carl Schmitts, das Dugin in Russland mit popularisiert hat.[36] Doch auch wenn manche Elemente dieses Denkens, vor allem der antiwestliche Affekt, in Dispositive des Putin-Regimes, in Reden und Curricula Einzug halten, eigne sich der Eurasianismus, so Bluhm, schlecht als Klammer der Antiliberalen.[37]

Eine weitere Strömung dieses vielfältigen Lagers predigt einen „Supranationalismus" und gründet die identitäre Idee vor allem auf das alte „historische Russland". Personelle Referenz ist hier etwa Iwan Iljin, den auch Putin als Inspirationsquelle nennt. Bezugspunkt in geopolitischer Hinsicht sind vor allem das zaristische Imperium sowie die „russische Zivilisation", die die kulturverwandten anderen Nationen überwölbe. Die orthodoxe Kirche gilt als „mystisches Zentrum" und nimmt unter den „traditionellen Religionen", zu denen auch Buddhismus und Islam gerechnet werden, eine privilegierte Sonderstellung ein. Hier spielt auch die heilsgeschichtliche Erzählung von Moskau als „drittem Rom" eine Rolle, als Erbin von Byzanz und Zentrum der Christenheit.[38]

In den Konservatismus als Staatsideologie ist laut Bluhm eine flexible Melange dieser selbst nicht sauber voneinander zu trennenden weltanschaulichen Strömungen geflossen – also von Nationalismus, Eurasianismus und orthodoxem Zivilisations-Expansionismus –, mit dem Primat eines russisch gelenkten, aber harmonischen Viel-Völker-Imperiums. So sind die ethnischen Russen für Wladimir Putin als Stiftungsnation die „Primi inter Pares" des aus mehreren Nationen bestehenden Reiches.[39] Die *russische* Kultur und das *russische* Volk würden die *russländische* Zivilisation zusammenhalten. Ansonsten wird das Regime nicht müde, in Abgrenzung zum angeblich dekadenten Westen, die „traditionellen

Werte" zu beschwören, das organisch Gewachsene, Konkrete und Eigene, das der liberalen Gleichmacherei wiederstehe. Man grenze sich ab vom vermeintlichen „Gayropa", so beschreibt es Gwendolyn Sasse, und predige die traditionelle Familie als natürliche Seinsform der orthodoxen Christen.[40] Das Eigene wird in der Kirche verortet.

Die Kirche indes macht den eigenen Einfluss – den wohl die meisten Konservativen und das Regime ihr nachsagen – auch geltend. Im Rekurs auf die alte „Symphonia" von Byzanz, die Balance zwischen kirchlicher und staatlicher Macht, setzt das Moskauer Patriarchat den Rahmen für Familien- und Bildungspolitik und predigt ein dezidiert männlich dominiertes, hergebrachtes Familienmodell.[41] Die Erzählung einer ungetrübten Maskulinität in Verbindung mit LGBTQ-Feindlichkeit bilde gar den Wesenskern der Staatspropaganda, so der Historiker Alexander Libman.[42] Und die Politikwissenschaftlerin Sabine Fischer meint, Neotraditionalismus und Antifeminismus seien die geistigen Essentials des Systems.[43] Die Russen seien noch wirkliche Männer, die moralisch korrumpierten Europäer verweiblicht – ein Narrativ, für das die europäischen Rechten Putin und seinen Anhängern begeistert applaudieren.

Neben den „traditionellen Werten" trägt ein weiteres Ideologem dazu bei, den Großteil der Illiberal-Konservativen (etwa des berüchtigten ultranationalistischen Isborsk Clubs) in weltanschaulicher Weise zu vereinen. Auch wenn die „nationale Frage" nicht endgültig geklärt ist; nicht sicher ist, ob man eher ethnische Nation oder multiethnisches Imperium sein will,[44] glauben alle an die Einheit der ostslawischen Völker. Die Russen, die Belarussen und die Ukrainer werden als drei verflochtene Zweige eines einheitlichen russischen Volksstamms begriffen, dessen Wurzeln bei den Kiewer Rus verortet werden.

Für das Putin-Regime und sein geistiges Umfeld kann es keine souveräne Ukraine geben; die konservative russische Welt fühlt sich ohne Kiew um den Ursprung betrogen. Kurz vor dem Überfall auf die Ukraine, erklärte Präsident Wladimir Putin:

> „Ich beginne also mit der Tatsache, dass die moderne Ukraine vollständig von Russland geschaffen wurde, genauer gesagt vom bolschewistischen, kommunistischen Russland. Dieser Prozess begann praktisch unmittelbar nach der Revolution von 1917, und Lenin und seine Kameraden taten dies auf eine Art und Weise, die für Russland extrem hart war – durch die Abtrennung, die Abtrennung dessen, was historisch gesehen russisches Land ist. Niemand hat die Millionen von Menschen, die dort leben, gefragt, was sie davon halten."[45]

Ungeachtet der historischen Tatsache, dass ein kollektives ukrainisches Bewusstsein bereits auf das 17. Jahrhundert datiert[46] und im Jahr 1991 etwa 90 Prozent der dort lebenden Menschen für die Unabhängigkeit ihres Landes gestimmt haben, wird die Ukraine als ein ewiges Kunstprodukt der frühen Bolschewiki um Lenin begriffen. Dieser hatte mit der Politik der „Einwurzelung" das Nationalbewusstsein in den Randzonen des Zarenreiches einst für seine eigenen Zwecke genutzt. Die Bolschewiki versprachen und förderten Autonomie unter dem gemeinsamen Dach des Sozialismus.[47] So konnten sie das multinationale Imperium unter anderen Vorzeichen weiterleben lassen – was den Habsburgern sowie den Osmanen nicht gelang. Putin verfemt diese „Korenizacija" als hexenhafte Mutter des ukrainischen Homunculus, der keinerlei natürliches Lebensrecht besitze. Die „russische Welt" gilt Putin als Einheit, die über den zeitlichen Wandel erhaben und gegen Irrwege und Fehler der Geschichte unbedingt wieder herzustellen sei.

Der gemeinsame Ursprung der ostslawischen Völker als übergeschichtlich vereinigendes Band wird der russischen Bevölkerung seit Jahren mittels Propaganda in die Köpfe geschrieben. Zentral ist dabei auch das Narrativ der „Russki Mir“ (Russischen Welt), der Einheit der Gebiete, die vom Russischen geprägt sind, was an Schulen und in Universitäten gebetsmühlenartig gelehrt und gelernt wird. Geschichtspolitik ist die wirksamste Waffe, um das eigene Volk auf den Mythos zu eichen. Dass Putin gerade wegen der Krim-Annexion und trotz des Angriffs auf die Ukraine in der russischen Bevölkerung Anklang findet, liegt nicht nur an Wirtschaftserfolgen und seinem ausgestellten Maskulinismus, sondern auch an der Geschichtspolitik, die in weiten Teilen der Gesellschaft verfängt.[48] Zumal die historisch-politischen Mythen – so erklärt es die Historikerin Heidi Hein-Kircher, die deren Funktionsweisen in Russland erforscht – im Bewusstsein der Russen nie vollständig erkaltet sind und, durch die richtigen Impulse getriggert, schnell wieder handlungsleitend werden.[49]

Den seriösen historischen Akteuren, wie der Menschenrechts-Organisation Memorial, hat der Kreml schrittweise das Wasser abgegraben. Die Kontinuität politischer Größe, von der Kiewer Rus über das Fürstentum Moskau, das Zarenreich und die Sowjetunion bis heute, stellt dabei den Grundsound der Geschichtserzählung dar. In Putins historiografischem Flickwerk ist der Bezug auf die UdSSR indes gebrochen und ambivalent. Nicht nur die „Einwurzelung“ der Bolschewiki, auch Chruschtschows „Geschenk der Krim“ an die Ukraine wird als Irrweg abqualifiziert. Der Untergang der Sowjetunion aber gilt als eine ungeheure Katastrophe. Und Stalin wird vornehmlich als glorreicher Feldherr des Krieges gegen Nazi-Deutschland erinnert.[50] So ist der menschheitsgeschichtlich tatsächlich bedeutsame „Große Vaterländische Krieg“ der mächtigste historisch-politische Mythos. Hier lassen sich die beiden wohl wichtigsten Stränge der eigenen Selbsterzählung kombinieren. So hat es in Russland eine lange Tradition, sich nicht als imperialen Aggressor, sondern als Befreier und Verteidiger zu betrachten, wie etwa Alexander Libman erklärt.[51] Dies lässt sich im Hinblick auf den Sieg über Hitler-Deutschland bestens mit dem Bild von der Weltmacht kombinieren – eine Sicht, die auch in dem verqueren Pathos der Befreiung von den „Nazis“ in Kiew widerhallt.

Das gute Konkrete und das böse Allgemeine

Der Politikwissenschaftler Wjatscheslav Morosov hat Russland mit dem scheinbar widersprüchlichen Label des „subalternen Imperiums“ bedacht.[52] Der Diskurs, den Wladimir Putin bedient, trägt eine postkoloniale Signatur: Russland sei vom „westlichen System“ kolonisiert und der fürsorgliche Anwalt des globalen Südens. Auf der Klaviatur der postkolonialen (Selbst)Kritiken des Westens weiß der Herrscher im Kreml hervorragend zu spielen.[53] Dabei gilt auch der allgemeine Menschenrechtsdiskurs, sowie generell der Universalismus, als eine gleichsam koloniale Aggression gegen das Besondere im russländischen Reich. Auch wenn Alexander Dugin nicht der Spin-Doctor Putins ist, als der er in Europa oft wahrgenommen wurde, illustrieren die Sätze des eurasischen Faschisten die russisch-reaktionäre Adaption von Theorien, die sich selbst als progressiv betrachten.[54]

> „Unterschiedliche Gesellschaften haben unterschiedliche Werte. Es gibt keine universellen Werte. Die, die dafür gehalten werden, sind eine Projektion westlicher Werte. Die westliche Zivilisation ist eine rassistische, ethnozentrische Zivilisation. Jeder Westler ist ein Rassist – kein biologischer, wie Hitler, aber kulturell. Deswegen denkt er, es gebe nur eine Zivilisation – oder Barbarei.“[55]

Hier wird die postmoderne Einsicht adaptiert, dass „Wahrheiten“ niemals vollkommen gelöst von spezifischen Standpunkten betrachtet werden können. *Unsere Werte* sind interessengeleitet, wir schweigen uns darüber auch keineswegs aus, *eure Werte* auch, nur lügt ihr diesbezüglich und behauptet sie als universal – so lautet die gleichsam nietzscheanische Pointe, die durch den Umstand an Schlagkraft gewinnt, dass die USA als Flaggschiff des Westens ja wirklich von Machthunger geleitete Kriege im Namen der Demokratie geführt haben. Wo der moralische Relativismus des postmodernen Denkens dem Kreml zupass kommt, wird das ebenfalls postmoderne Ansinnen, Identitätsgrenzen zu sprengen, verabscheut. Man wettert gegen die Postmoderne als dekadenten Habitus der westlichen Welt, die keine stabilen Geschlechter mehr kenne, keine echten Männer und keine echten Frauen. Dabei versucht das Regime auch, sich den rechten Europäern als Bewahrerin der „klassischen" Moderne zu empfehlen, die von Europa verraten worden sei.[56] Dass die russischen Ideologen indes selbst in den Gedankenarsenalen postmoderner Theoriebildung wildern, wenn sie die Vorstellung allgemeiner Werte als kolonialistische Anmaßung bezeichnen, scheint an dieser Stelle keine Rolle zu spielen.

Der Widerspruch aus Identitätspolitik – als dem Anliegen, marginalisierte Subjekte zwecks Selbstermächtigung zusammenzuschweißen – und dem Ziel der Auflösung von Identitäten, der die kulturalistische Linke durchformt, muss Putin kein Kopfzerbrechen bereiten. Denn *rechte* Identitätspolitik betreibt keinen strategischen Essenzialismus mit dem Fernziel gerechter Verhältnisse für alle und der Überwindung des vermeintlich Essenziellen; die Unterschiede werden vielmehr ontologisiert. Das spezifisch Gewordene der russischen Kultur wird gegen den Universalismus gewendet, nicht nur vorübergehend, bis *wirklich alle gleich sind*, sondern im Kampf für das ewige Eigene.

So kann für die Illiberal-Konservativen laut Bluhm auch niemals eine russische Spielart des gleichmachenden Liberalismus existieren.[57] Die Loslösung von allen liberalen Maximen forderten die russischen Konservativen demnach auch auf ökonomischer Ebene. Man will sich von der vom Westen dominierten Wirtschaftsordnung emanzipieren. Statt ein abhängiger Rohstofflieferant von Erdöl, Erdgas und Getreide zu bleiben, fordern die konservativen Ideologen ein staatlich forciertes Binnenmarktmodell: die Schaffung eigener Wertschöpfungsketten in einer eurasischen „Makroregion" über staatliche Förderung der regionalen Nachfrage. Dass Russland sich mit einem aktiven Staat als wesentlichem Motor ökonomischer Entwicklung aus eigener Kraft emporschwingen kann, wird, so Bluhm, von allen Ideologen – egal wie sie die nationale Frage formulieren – an den russisch dominierten Großraum gekoppelt, zu dem selbstredend auch die Ukraine gezählt wird. Dass diese sich dem westlichen System zugewandt hat, wird nicht nur als Verrat am russischen Ursprung, sondern auch als eine grobe Missachtung der eigenen ökonomischen Interessen gewertet.

Auch wenn im russischen Staatskapitalismus längst wieder sämtliche Schlüsselindustrien von der Machtelite kontrolliert und entwicklungsetatistische Programme seit vielen Jahren zunehmend ausgebaut werden, spielen die einst mächtigen Wirtschaftsliberalen in Putins Regime noch immer eine Rolle.[58]

Die flexiblen und flickwerkhaften Strukturen des Systems, sowohl im Bereich der Politökonomie als auch des weltanschaulichen Gebäudes, zeigen, dass Putin sicherlich nicht als totalitärer Ideologe im Sinne Hannah Arendts gelten kann.[59] Er ist nicht auf ein vermeintlich vorherbestimmtes Endziel historisch-politischer Entwicklung fixiert, nicht jede Handlung seiner Administration folgt einem starren ideologischen Ansatz.

Er ist aber auch kein dünner Ideologe, der bloß einen autoritären Pragmatismus verfolgt und für den harte ideologische Fragen in der Machtausübung kaum eine Rolle spielen. Die Selbsterzählung, Gegenmacht „des Westens" zu sein, ist in Russland jedenfalls fest etabliert, „das Eigene" bleibt immer auf „das Fremde" bezogen. Und doch kann die Geschichte eine neue Richtung nehmen. Seit Peter dem Großen, so sehen es manche, pendelt Russland zwischen Westen und Osten. Und auch das will man in Russland heute unbedingt vermeiden – zum Büttel und Protegé Chinas zu verkommen.

IV.
Chinesischer Parteistaatskapitalismus

Zweimal kam der Kapitalismus nach China. Beide Male kommt er in den Küstenstädten an. Ab den 40er-Jahren des 19. Jahrhunderts erkämpft die Royal Navy mit gepanzerten Schiffen ein vermeintliches Naturrecht auf unbeschränkten Handel. Die Briten zwingen das kriselnde Qing-Reich[1] gewaltsam dazu, seine Märkte zu öffnen, die chinesische Gesellschaft wird mit Opium überschwemmt.

Beim zweiten Mal bleibt der Kanonendonner aus. Ab den späten 1970er-Jahren lädt Deng Xiaoping, der Nachfolger Maos, den Kapitalismus in die Küstenstädte ein, um den verirrten Kommunismus in die Spur zu bekommen. Man müsse erst zum Marktsozialismus zurück, um dereinst die Revolution zu vollenden.

Im Süden werden Sonderwirtschaftszonen installiert, Direktinvestitionen aus dem Ausland werden möglich, die Kollektivierung wird rückgängig gemacht, der Horror der Kulturrevolution ist Geschichte. Dengs „Reform- und Öffnungspolitik" hebt das maoistische System aus den Angeln – der ausgezehrte „Drache" wird bald fortlaufend wachsen. Doch der uralte Mythos des Liberalismus, die Markwirtschaft bringe freie Bürger hervor, wird in der Folgezeit als solcher offenbar. Im Westen reibt man sich verwundert die Augen: Die Billigung gewinnorientierter Unternehmen bringt keine politischen Freiheiten hervor – und volkswirtschaftliche Prosperität kann auch in korsettierten Gesellschaften gelingen.[2]

Es formt sich ein polit-ökonomischer Hybrid, ein Modell, das den Geist der Kommodifizierung mit von Lenin inspirierter

Einparteienherrschaft bündelt; überwölbt von sino-marxistischen Erzählungen, konfuzianischen Ordnungsmaximen, nationalem Pathos und historischen Mythen.

Der „Drache" wird mächtiger, doch ruht noch eine Weile, „verbirg deine Stärke und erwarte deine Zeit", so hat Deng es als Parole ausgegeben.[3] Unter Xi Jinping ist der „Drache" erwacht, um dem jungen Jahrhundert seinen Stempel aufzuprägen.

Nun schickt sich dieses Institutionenamalgam, der chinesische Parteistaatskapitalismus, politisch repressiv und ökonomisch erfolgreich, an, die westliche Vormacht zu brechen und die Welt auf eine ganz neue Weise zu formen. Wo Russland den Weg des Krieges gewählt hat, um seinen Ansprüchen Nachdruck zu verleihen, kommt Chinas gigantische Machtprojektion wenigstens im Augenblick subtiler daher. Der Parteistaat tritt zwar zunehmend hitziger auf, auch gegenüber dem De-facto-Land Taiwan, das Peking als entfremdete Provinz interpretiert. Doch den Waffengang, der auch die USA involvierte, die sich als Schutzmacht Taiwans begreifen, hat die kommunistische Partei bislang vermieden. Stattdessen wird die liberale Demokratie wirtschaftlich und ideologisch attackiert.[4]

Mit dem geostrategischen Megaprojekt der Neuen Seidenstraße hat Peking vor mehr als zehn Jahren begonnen, Infrastrukturen auf dem Globus zu fördern, nicht nur, aber besonders in den Ländern des Südens. Investitionen und günstige Kredite, ohne die meist vom Westen gestellten ökologischen und menschenrechtlichen Bedingungen. Voraussetzung ist dann die politische Gefolgschaft – etwa im Rahmen der Vereinten Nationen im Sinne der Volksrepublik zu votieren. Und wenn Sri Lanka seine Schulden nicht zurückzahlen kann, zieht China den Hafen in Hambantota ein – so wie die Briten einst Hongkong kassierten.[5]

Wie es der Autor Philipp Mattheis formuliert hat, werden auf den Schifffahrtswegen, Zugstrecken und Autobahnen nicht nur chinesische Waren transportiert, sondern auch Ideologie und Dominanz.[6]

Xi Jinping, der „überragende Führer", empfiehlt der Welt die „chinesische Lösung", ein alternatives Entwicklungsmodell, das der Menschheit eine goldene Zukunft bereite, *modern* müsse längst nicht mehr *westlich* bedeuten, im Gegenteil: Der Westen sei im Abschwung begriffen.[7] Man spricht von Multipolarität, doch strebt immer offener nach Welthegemonie.

Und so wichtig die Kritik an einer wenig gerechten, vom Westen dominierten globalen Ordnung ist – wenn das morgige Machtzentrum das Heutige verdrängt, wird die Weltgesellschaft keine bessere sein. Xi scheint sich selbst als Inkarnation eines neuen sinozentrischen Zeitalters zu sehen. Das Reich kehrt vom Rand in die Mitte zurück.

Wie im Fall Russlands stellt der liberale Westen die für die kollektive Identitätsbildung gleichsam notwendige Antithese dar. Das „Eigene" wird in Abgrenzung zum „Fremden" konturiert – auch wenn man das Collagenhafte des „Eigenen", das sichtbar mit Fragmenten des „Fremden" durchsetzt ist, nicht leugnet, sondern eben integriert, was einem nützt.[8]

Doch was macht die eklektische Ideologie der KPCh heute eigentlich aus? Gibt es wirklich eine neue Systemkonkurrenz zwischen den liberalen Demokratien und einem autoritären „chinesischen Modell"? Und welche Rolle spielt das „Jahrhundert der Demütigung" von etwa 1840 bis zum Machtantritt Maos, da China zur Beute der westlichen Mächte, aber auch von Russland und Japan verkam, für den Anspruch, wieder Geschichtsmacht zu sein?

Im November 2012 legt der neue starke Mann in Peking einen denkwürdigen Auftritt im chinesischen Nationalmuseum hin. Erstmals spricht er vom „chinesischen Traum" als offizieller Vision für das Land, ein Konzept, das trotz oder wegen seiner Vagheit fortan von der KPCh propagiert und auch in Xis Rede auf dem

19. Parteitag 2017 zum Leitspruch erklärt wird. Im Gegensatz zum Amerikanischen Traum, der den Aufstieg und das Glück des Individuums verheißt, steht Xi Jinpings Marke für ein kollektives Ziel – das „große Wideraufblühen der chinesischen Nation“[9] als „gemeinsame Hoffnung aller Chinesen“.[10] Das Jahrhundert, da China gedemütigt wurde, ausgeplündert von Europa und Japan, gilt als historische Abnormität, die erst mit dem Machtantritt Mao Zedongs langsam, aber sicher korrigiert werden konnte. 2049 schließlich, am hundertsten Geburtstag der Volksrepublik, soll die schicksalhafte Größe des „Reiches der Mitte“ vollumfänglich wiederhergestellt sein.[11] Die chinesische Nation, so Xi 2012, habe sich nie wirklich unterkriegen lassen und unbeugsam für ihren Aufstieg gekämpft.

> „Das schwere Leid, das die chinesische Nation erfahren, und die großen Opfer, die sie erbracht hat, haben in der Weltgeschichte kaum ihresgleichen. Aber das chinesische Volk hat sich niemals ergeben. Es hat sich permanent erhoben und Widerstand geleistet, um schließlich sein Schicksal selbst in die Hand zu nehmen, den großartigen Weg zur Gründung eines eigenen Staates zu beschreiten und einem großartigen nationalen Geist vollen Ausdruck zu verleihen, dessen Kern die Liebe zum Vaterland bildet. […] Seit der Reform- und Öffnungspolitik haben wir die historischen Erfahrungen gebündelt und, permanent mühevoll strebend, schließlich den korrekten Weg gefunden, um den großartigen Wiederaufstieg der chinesischen Nation zu verwirklichen, und haben Erfolge errungen, die alle Welt bestaunt. Dieser Weg ist der Sozialismus chinesischer Prägung.“[12]

Vom Niedergang der letzten Kaiser-Dynastie – die noch von den Mandschu begründet wurde – bis zum „Sozialismus chinesischer Prägung“ hat die multiethnische Bevölkerung Chinas tatsächlich einen leidvollen Weg gehen müssen. Nicht jede Unbill auf dieser Strecke hat die Menschen in China von außen ereilt, sie haben sich auch selbst großes Leid zugefügt, was die mythische Erzählung der Partei unterschlägt. Und doch ist es wahr, dass das kaiserliche China zum Spielball kolonialer Mächte verkam. Ein Trauma, das heute als mentales Reservoir für nationalistische Gefühle genutzt wird.[13]

Das Jahrhundert der Demütigung

Etwa in der Mitte des 19. Jahrhunderts gerät das Imperium der Qing in die Krise. 1820 lag der Anteil Chinas an der Weltwirtschaftsleistung noch bei 30 Prozent, ein Wert, der immer weiter zurückgehen wird.[14] Das bankrotte, vom Reformstau geplagte Imperium - über lange Zeit bestaunt und anderen Mächten überlegen - wird 1840 von den Briten überfallen, denen ihre Handelsbilanz nicht gefällt und die im Riesenreich ihr Opium losschlagen wollen.[15] Die westliche Moderne versündigt sich an China.[16] Dem Bombardement der königlichen Flotte haben die Qing nichts entgegenzusetzen. Es folgt der erste der „ungleichen Verträge"; abgesehen von Reparationsleistungen hat China unter anderem viele Häfen zu öffnen, die Insel Hongkong geht ans britische Imperium. Auf den „Vertrag von Nanjing" werden weitere folgen, die die Souveränität und politische Kontrolle der Mandschu-Herrscher immer weiter aushöhlen werden. Im Zweiten Opiumkrieg ab 1856 sind auch die Franzosen mit von der Partie, die China zusammen mit England attackieren. Selbst Peking wird von den Alliierten überrannt. In der Folge werden weitere Häfen geöffnet, Zölle verringert, Opium verkauft. Nicht nur England, Frankreich und die USA, auch Russland nutzt den „Vertrag von Tianjin" um weitreichende Handelsrechte geltend zu machen.[17] Bald folgen ein weiterer Sino-Französischer und der erste Sino-Japanische Krieg, die die militärische Rückständigkeit des bröckelnden Qing-Reiches deutlich offenbaren,[18] Japan sichert sich Kontrolle in Korea und annektiert unter anderem Taiwan. Die koloniale Plünderung nimmt ihren Lauf. In Reaktion auf den „Boxeraufstand“, der das Reich zur Jahrhundertwende erschüttert, wird das Land von acht Nationen angegriffen. England, Frankreich und die USA, Deutschland, Österreich-Ungarn und Italien sowie Japan und Russland ziehen gegen China. Wieder ist der Feldzug für die Qing ein Desaster.[19]

Im zweiten Sino-Japanischen Krieg, der 1937 beginnt, als die Truppen Japans China überfallen und unter der chinesischen Zivilbevölkerung unermessliche Gräuel verüben (nachdem Japan sich bereits fünf Jahre zuvor die rohstoffreiche Mandschurei einverleibt hat), ist China schon lange kein Kaiserreich mehr, sondern eine dem Scheitern geweihte Republik, ein Bürgerkriegsland, das von vereinigten Feinden, von Chiang Kai-sheks nationaler Kuomintang und Maos Kommunisten, verteidigt werden soll.[20]

Denn parallel zu den zahlreichen Schlägen von außen, die China im „Jahrhundert der Schande“ ereilen, rumort es während des 19. und in der ersten Hälfte des 20. Jahrhunderts ebenso im Inneren des Reiches gewaltig. Auf dem Feld der Ideen wird darum gerungen, wie China die Moderne am besten bestreiten soll. So ist der Sinologe Kai Vogelsang der Auffassung, dass China sich schon lange vor dem Überfall der Briten gleichsam an der Schwelle zur Moderne befand: Durch die sukzessive Auflösung der ständischen Gesellschaft, die Entwicklung einer immer kritischeren Intelligenz und einer mediatisierten Öffentlichkeit.[21] Mit der Präsenz der Europäer in Städten wie Schanghai werden westliche Lehren immer stärker rezipiert. Man sucht nach politischen Metaformaten für die sich ausdifferenzierende Gesellschaft. Das kaiserlich-hierarchische Ordnungssystem mit seinem konfuzianischen Sittengerüst erscheint vielen Menschen nun hoffnungslos veraltet – nicht nur Europäern wie Herder und Ranke, die China als mit Seide umwundene „Mumie“ und Land „des ewigen Stillstands“ bezeichnen.[22] Auch immer mehr Chinesen, zuvörderst in den Städten, sind der Auffassung, das Alte müsse weg. Das Konzept von Republik und Nationalstaat hält Einzug;[23] man sucht nach einer völlig neuen Identität. Anders als etwa islamistische Akteure glaubt man nicht, dass die Vermischung mit dem Westen das Problem ist, sondern vielmehr der Widerstand gegen das Neue. Die mehrtausendjährige chinesische Geschichte wird kaum als Sinnressource für die Zukunft begriffen, was hingegen dominiert, sind Erneuerungsdiskurse.[24]

Doch das Kaiserreich wird nicht nur ideell herausgefordert – und durch die Feldzüge der kolonialen Mächte –, es finden auch verschiedentliche Absetz-Bewegungen, Rebellionen und Aufstände statt. Die zentrale Regierung ist ein zahnloser Tiger, regionale Gouverneure gewinnen an Macht.[25] Ab dem Jahr 1861 ist die ehrgeizige Kaiserwitwe Cixi bemüht, die Dynastie mithilfe westlicher Technik zu erhalten. Doch die „Selbststärkung“ hat keine Nachhaltigkeit, der Niedergang lässt sich nicht rückgängig machen.[26]

An der Spitze der republikanischen Bewegung, die von Han-nationalistischem Gedankengut durchformt und sichtbar antimandschurisch geprägt ist, steht ein Mann namens Sun Yat-sen, der zum „Vater der Revolution“ avanciert. China sei ein „unbeschriebenes Blatt“,[27] müsse sich auf ganz neue Weise erfinden. 1905 gründet Sun mit anderen „Chinas revolutionären Schwurbund“, in dessen Manifest es unumwunden heißt:

> „Vertreibt das Tartarengesindel! Die Mandschuren sind eigentlich Ostbarbaren von jenseits der Grenze. […] Stellt China wieder her! […] Gründet eine Republik! Die Revolution geht vom einfachen Volk aus, um eine republikanische Regierung zu schaffen. […] Gleiche Bodenrechte! Die Segnungen der Revolution sollen allen gleichermaßen zukommen.“[28]

1912 schließlich ist es so weit. Die „Republik China" wird ausgerufen, die bis heute parallel zur „Volksrepublik" auf der Insel Taiwan weiterexistiert.[29] Denn nicht nur die Formate Republik und Nationalstaat werden zu Beginn des 20. Jahrhunderts von chinesischen Intellektuellen ventiliert. Auch das Gespenst des Kommunismus geht um, die Idee, dass die bürgerliche Revolution durch die proletarische vollendet werden müsse.[30] Nationalisten und Kommunisten eint die Überzeugung, dass Konfuzianismus und Feudalismus überwunden werden müssen, dass die eigene Tradition nur wenig zu bieten hat, die Grenzen des Reiches jedoch Bestand haben sollen. Was die beiden Ordnungsentwürfe entzweit, ist die Frage der neuen Gesellschaftsformation. Auch darüber wird es zum Bürgerkrieg kommen.[31]

Zunächst jedoch wird die junge Republik vom Diktator Yuan Shikai okkupiert und zerfällt nach dessen baldiger Entmachtung in zahlreiche Einflusszonen autonomer Warlords. Die Republik ist, wie es Kai Vogelsang ausdrückt, eine politische Totgeburt gewesen.[32] Auch wenn die chinesische Nation durch die „4.-Mai-Bewegung", die sich 1919 aus Protest gegen eine ungerechte Behandlung Chinas im Versailler Vertrag (z. B. wurde Kiautschou nicht China, sondern Japan zugesprochen) gegründet hat, noch einmal stärker zusammengewachsen sei.[33] Die Bewegung wird heute auch von der Kommunistischen Partei, die den Nationalismus seit den 1990er-Jahren immer stärker in den Vordergrund rückt, als „nationale Erhebung" gefeiert, mit der das Volk gegen Fremdherrschaft aufbegehrt habe. Dabei unterschlägt die kommunistische Führung, dass die Akteure noch anderes im Sinn hatten: nämlich die Errichtung einer Demokratie und eines modernen Wissenschaftssystems.[34]

Doch von dieser will auch Sun Yat-sen bald nichts mehr wissen. Von den Ereignissen im Nachgang der Staatsgründung enttäuscht, glaubt er, die Chinesen seien noch nicht „reif" und bräuchten doch erst einmal Autorität. Sein Nachfolger Chiang Kai-shek setzt dann wieder auf eine konfuzianisch inspirierte Erziehungsdiktatur. Unterstützt von der Sowjetunion, gehen die nationale Volkspartei Kuomintang, und die Kommunisten 1923 ein erstes fragiles Bündnis ein, um gegen die Warlords des Nordens zu ziehen. 1927 aber beginnt Chiang, die Kommunisten zu verfolgen. Nun bricht ein grauenhafter Bürgerkrieg aus, der 1937 eingefroren wird, als die Japaner das Land überfallen. Der Hauptwiderspruch zwischen Arbeitern und Bürgern wird von Mao auf die Gegnerschaft Chinas zum imperialistischen Japan verlagert.[35] Doch die „Zweite Einheitsfront“ ist noch fragiler als die erste und von Beginn an davon bedroht zu zerfallen. Als der Weltkrieg vorbei und Japan besiegt ist, geht der Bürgerkrieg noch Jahre lang weiter. Langsam gewinnt Mao die Oberhand. Die „Republik China“ muss nach Taiwan emigrieren, wo die Kuomintang bis 1990 weitgehend autoritär residiert. Auf dem Festland aber ruft Mao am 1. Oktober 1949 die Volksrepublik China aus. Nun bricht ein völlig neues Zeitalter an.

Gesellschaftsexperimente und der „Sozialismus chinesischer Prägung“

Es ist die Zeit des chinesischen Totalitarismus, der großen Gesellschaftsexperimente, der permanenten Revolution und völligen ideologischen Verblendung. Nach einer Bodenreform und ersten Säuberungen gegen konterrevolutionäre Elemente initiiert Mao 1958 den „großen Sprung nach vorn“. Die revolutionäre Begeisterung soll die Industrialisierung des weitgehend agrarisch geprägten Landes forcieren. Die Bauern sollen nicht nur mehr Getreide produzieren, sie sollen auch die Stahlproduktion unterstützen, damit China zu den Großen aufschließen kann.[36] Wie berauscht, verkündet der „große Steuermann“ Mao:

> „Im nächsten Jahr werden wir elf Millionen Tonnen Stahl erzeugen und übernächstes Jahr 17 Millionen Tonnen, das wird die Welt erschüttern. Wenn wir in fünf Jahren 40 Millionen Tonnen erreichen können, holen wir vielleicht in sieben Jahren England ein. In weiteren acht Jahren können wir dann Amerika eingeholt haben."[37]

Doch der Stahl, den die ungeschulten Bauern herstellen, indem sie ihr Haushaltszeug in Hochöfen einschmelzen, ist wertlos, bestenfalls als Roheisen nutzbar.[38] Und nicht nur die Stahlvorgaben werden verfehlt. Auch mit der Agrarproduktion geht es bergab. Die Kollektivierung auf dem Land ist ein Fehler, die neue Methode des Anbauens auch. Ein totalitäres Naturexperiment, Maos Feldzug gegen die „vier Plagen" – Ratten, Fliegen, Moskitos und Spatzen – setzt dem ökologischen Gleichgewicht zu.[39] Schließlich wird viel zu wenig Ernte eingefahren. Da wirtschaftliche Erfolge aber mit politischer Zuverlässigkeit assoziiert werden, überbieten sich die Kommunen mit gefälschten Erfolgsmeldungen. Die vermeintlichen Rekordzahlen führen dazu, dass das Lebensmittel-Soll für die Städte und den Staat noch einmal deutlich angehoben wird. Während China Getreide ins Ausland exportiert, bricht im Inland die opferreichste Hungerkatastrophe der bisher überlieferten Menschheitsgeschichte aus.[40] 30 bis 45 Millionen Menschen sterben an den Folgen von Unterernährung.[41]

Der „große Steuermann" hat sich verfahren, und das wird auch in Teilen der Partei so gesehen. Mao ist nicht mehr so unangefochten wie noch Ende der 1940er-Jahre. Auch deshalb ruft er 1966 die „Große Proletarische Kulturrevolution" aus. Im Kontext des chinesisch-sowjetischen Zerwürfnisses, da Chruschtschow von Stalins Line abgerückt ist, fürchtet Mao in der Volksrepublik eine schleichende Rückkehr des Kapitalismus.[42] Er heizt den Personenkult um ihn an, stärkt seine Macht beim Militär und den Massen, entfesselt die Gewalt und den Furor der Jugend, hetzt das Volk auf die eigene Partei.[43] Die roten Garden werden formiert, um „Konterrevolutionäre" zu bekämpfen, was in erster Linie heißt, dass Maos Kontrahenten – oder solche, die es werden könnten – kaltgestellt werden. Alles, was den Ruch der Vergangenheit trägt, die „alte Kultur", soll ausradiert werden: bourgeoises und religiöses Denken und Handeln; Buddhismus, Daoismus, Konfuzianismus – der neue Mensch soll auf ihren Trümmern triumphieren. Die „Große Proletarische Kulturrevolution" ist ein auf Dauer angelegter Angriff gegen alles „Konterrevolutionäre".[44] Sie führte nicht nur zu „Säuberungen" unter den Kadern, sondern auch dazu, dass Banden von Studenten und Schülern ihre Professoren und Lehrer massakrierten. Am Ende schienen alle gegen alle zu kämpfen, denn jeder war ein möglicher Verräter des Volkes.[45]

Nach zehn Jahren Chaos und ungezählten Toten war der Spuk dann vorbei und der große Führer tot.[46] Das Lager der Reformer greift nach der Macht, Deng Xiaoping wird der neue starke Mann (auch ohne alle wichtigen Ämter zu bekleiden) und leitet das chinesische Wirtschaftswunder ein, das sich seit den 1980er-Jahren entfaltet und China zur Weltmacht aufsteigen lässt. „Vier Modernisierungen" werden verkündet: Landwirtschaft, Industrie, Militär, sowie Wissenschaft und Technik. Eine „fünfte Modernisierung"[47] jedoch, mit der die Partei ihre unbeschränkte Macht zugunsten der Volksherrschaft aufgegeben hätte, blieb aus und ist so bald wohl auch nicht zu erwarten. Die Gesellschaft bleibt geschlossen, die Wirtschaft öffnet sich. Festgesetze Preise werden liberalisiert, die Kollektivierung wird rückgängig gemacht, „Sonderwirtschaftszonen" werden implementiert, Kapital aus dem Ausland gelockt – die Kontrolle der Partei aber bleibt weitgehend bestehen.[48]

Langsam werden Samen des Kapitalismus in den brach liegenden Boden der Planwirtschaft gestreut. So beginnt in den 1980er-Jahren die Wirtschaft zu wachsen. Gleichzeitig aber entwickeln sich Probleme: Unter anderem ökologische Krisen nehmen zu, die soziale Schere klafft auseinander.[49] Zwar holt das Wachstum in den nächsten Dekaden sehr viele Menschen aus der allertiefsten Armut, es wird aber auch mit einer radikalen Ausbeutung vor allem im Niedriglohnsektor erkauft, Arbeitsbedingungen sind katastrophal, auf dem Land führt die Auflösung maoistischer Strukturen zudem nicht selten zu Arbeitslosigkeit.[50] Auch die Korruption wird bald zum Problem, die Gewinne von Staatsunternehmen verschwinden in den Taschen privater Akteure.[51] Zwar macht China nicht den Fehler der Schocktherapie, der Russland Jahre später ins Chaos stürzen wird, dennoch spüren die Menschen auch hier die Inflation.[52]

So profitieren nicht alle von „Öffnung und Reform". Landbewohner, Frauen und ethnische Minderheiten etwa sind, wie der Sinologe Klaus Mühlhahn betont, die großen Verlierer der „Liberalisierung".[53] Durch diese entsteht bald eine weitere Klippe, die die Partei zu umschiffen versucht. Dass nun ausgerechnet das „Teufelszeug des Klassenfeindes" die Volkswirtschaft Chinas sprunghaft nach vorne bringt, hat ein ideologisches Vakuum erzeugt.[54]

Zwar bekennt man sich begrifflich noch immer zum Marxismus – doch dieser ist längst zu einer Worthülse verkommen. Was bleibt, ist der Parteistaat Leninscher Prägung, die zentralistische Autokratie.[55] Ein ideologischer Behelfsbegriff von Deng Xiaoping und den Seinen ist der „Sozialismus chinesischer Prägung", ein Konzept, das absichtsvoll im Ungefähren bleibt. Das geschichtsphilosophische Programm des Marxismus – die im „historischen Materialismus" angelegte Periodisierung der Geschichte – wird auf den chinesischen Kontext übertragen. Dies war keine gänzlich neue Strategie, denn schon während der Ära Mao Zedongs hatte es kreative Anpassungen gegeben. Nun aber muss man nicht nur erklären, warum in China die zahllosen Bauern anstelle der kaum vorhandenen Industrieproletarier die Revolution vorantreiben sollen.[56]

Es gilt auch, die Marktwirtschaft zu legitimieren. Bereits vor Maos „großem Sprung nach vorn", so der Sinologe Oskar Weggel, wähnte sich die Parteiführung im Endstadium des Sozialismus. Nun aber wird erklärt, dass man sich erst in dessen Anfangsstadium befinde. Auf dem (Rück-)Weg zum Vollsozialismus und dem Kommunismus als Siegel der Geschichte müsse man den *Markt*sozialismus durchlaufen. Es gelte nun, vor allem pragmatisch zu handeln und das Gemeinwesen wirtschaftlich zu stärken.[57] Klaus Mühlhahn erklärt, dass der pragmatische Deng auch eine stimmige Erzählung brauchte, um den „linken Flügel" der Partei zu befrieden, der die Reformen sehr kritisch beäugte. Vor allem im Krisenjahr 1989, da manche Kader argwöhnten, die Demokratiebewegung sei eine Folge der Reformpolitik.[58] Doch Deng wird nicht wie Gorbatschow enden, der zwischen den Hardlinern der eigenen Partei und den demokratischen Kräften aufgerieben wird. Er hält an seinem „Liberalisierungs-Kurs" fest. Gleichzeitig unterdrückt der Machtapparat jede Regung nach Freiheit brutal, die nach Demokratie verlangenden Studenten werden in Peking zusammengeschossen. Parteiakteure, die wie Zhao Ziyang – zwischenzeitlich Premierminister und Generalsekretär der Partei – mit den Studenten sympathisieren, werden nach dem Massaker von Tiananmen entmachtet.[59]

In den 1980er-Jahren hatten sich nicht wenige Intellektuelle dem verfemten westlichen Gedankengut gewidmet. Zugleich wurde das reiche Kulturerbe Chinas, das noch vor Kurzem vernichtet werden sollte, zum neuen alten Bezugspunkt erkoren.[60] Auch religiöse Praktiken fanden wieder Zulauf.[61] Während „westliche Ideen" vor allem nach 1989 von der KPCh immer stärker zurückgewiesen werden, wird die lange verschmähte „eigene Tradition" nun stärker propagandistisch bespielt.

Ab 1992 setzt unter Dengs Nachfolger Jiang Zemin, der dessen Reformweg weiterverfolgt, ein großer wirtschaftlicher Aufschwung ein, der die positive Wirkung der staatskapitalistischen Agenda zu bestätigen scheint, zugleich aber die Sorge vor der ideellen Leerstelle vergrößert. Der chinesische Autor Yu Hua hat erklärt:

> „China entwickelte sich von Mao Zedongs monochromer Ära der Befehlsgewalt in der Politik zu Deng Xiaopings polychromer Ära der Wirtschaft. ‚Besser ein sozialistisches Unkraut als ein kapitalistischer Keimling', sagten wir in der Kulturrevolution. Heute können wir nicht mehr unterscheiden, was kapitalistisch und was sozialistisch ist – Unkraut und Keimling stammen von ein und derselben Pflanze."[62]

Die Lücke wird der Nationalismus füllen.[63] In den Schulen praktiziert man „patriotische Erziehung", man feiert das Angestammte und Eigene, das mehrtausendjährige historische Erbe, das im „Sozialismus chinesischer Prägung" zur allerhöchsten Entfaltung gelange. Der Konfuzianismus wird rehabilitiert. Unter Jiang entstehen gewaltige Kultstätten im Land, die die Heroen der Vergangenheit bewerben.[64] Man will sich wieder auf „das Eigene" besinnen und sich vom „westlichen Weg" distanzieren.

Mit dem Kapitalismus kommt zwar nicht die Demokratie nach China, eine ausgeprägte Konsummentalität aber schon. Geld ist längt auch in China ein Fetisch.[65] Und während die Wirtschaft unter der „dritten Führungsgeneration" Jiang Zemins und der „vierten Führungsgeneration" Hu Jintaos weiter wächst, wird auch die Korruption ein immer größeres Problem. Die Kader sind zu prassenden Bonzen geworden.

Doch jemand steht bereit, der damit aufräumen soll: der neue „überragende Führer" Xi Jinping. 2012 übernimmt er das Steuer und vereint die wichtigsten Ämter auf sich, wird Vorsitzender der zentralen Militärkommission, Präsident der Volksrepublik China und Generalsekretär der Kommunistischen Partei.

Der Drache erwacht

Xi wird nach innen wieder repressiver und nach außen aggressiver agieren als die beiden letzten Führer des Regimes. Bald ist es vorbei mit dem Geliebt-Werden-Wollen, mit der sogenannten Panda-Diplomatie. Die Stärke des „Drachen" wird nicht länger verborgen, die machiavellistische Wende beginnt,[66] Chinas Zeit scheint endgültig gekommen. So sieht es zumindest Xi Jinping, der das tendenziell kollektive Führungsprinzip, das in der Partei nach Mao praktiziert wurde, rückbaut; die Machtfäden stärker konzentriert.[67] Die Kampagne gegen Korruption dient ihm als Werkzeug. Xi macht nun Jagd auf „Tiger und Fliegen", auf große und kleine Akteure der Partei, lokale Funktionäre und hochrangige Kader.[68] Zum einen bekämpft er tatsächlich Korruption, zum anderen entledigt er sich seiner Opponenten, nicht zuletzt aus dem Lager des alten Jiang Zemin. Tausende werden verhaftet. Nicht einmal hohe Generäle und Politbüro-Mitglieder bleiben von den Säuberungsaktionen verschont. Schockwellen erschüttern die Eliten der Partei.[69] Zwar werden nicht die Massen aufgehetzt wie bei Mao, nicht Chaos als Herrschaftstechnik eingesetzt.[70] Vielmehr „reinigt" die Partei sich von innen, alles im Zeichen von „Ordnung und Recht". Die Unsicherheit aber, dass es jeden jederzeit treffen kann, erinnert an die Kulturrevolution.

Parallel zu den Säuberungsaktionen wird der staatliche Sektor wieder deutlich gestärkt, etwa Firmen zu Konglomeraten verbunden.[71] Die Politik hatte schon seit der Finanzkrise 2008 eine Kehrtwende vollzogen: Die Zeichen stehen seither auf mehr Resilienz gegen die stürmischen Kräfte des Marktes. Der Parteistaat mischt nun wieder mit, wo er kann. In den großen und mittleren Privatunternehmen werden „Parteizellen" implementiert, selbst in Unternehmen, die von außerhalb kommen, wird wieder stärker auf Kontrolle gesetzt.[72] Während etwa zahlreiche deutsche

Unternehmen sich zusehends internationalisieren, werden transnationale Unternehmen in China mehr und mehr „sinisiert".[73] Auch die Tech-Riesen werden an die Leine gelegt, etwa Jack Mas Unternehmen Alibaba; nicht nur die Machtzentren in Staat und Partei, auch solche in der Wirtschaft werden beseitigt.[74]

Gleichzeitig wird die chinesische Gesellschaft einer totalitären Kontrolle unterworfen. Bei einem Volk von mehr als 1,3 Milliarden Menschen wird jeder Klopapierkauf registriert. Die digitale Welt und der analoge Raum werden mit modernster Technik belauert. Ob die Überwachungsapparaturen, die den öffentlichen Raum zum „Panoptikum" machen, in dem man ständig damit rechnet, beobachtet zu werden, langfristig jene Subjekte erzeugen, die die Macht sich wünscht, wird die Zukunft offenbaren. Gegen das, was heute in China passiert, sind die Disziplinarregime früherer Tage Amateure der Menschendressur. Und das alles steht im Zeichen der totalen „Harmonie", des hierarchisch geordneten Großen und Ganzen, in dem Lenin und Konfuzius im Einklang marschieren. „Mein Traum – Chinas Traum" lautet das Programm. Die Einzelne finde ihr persönliches Wohl im Aufstieg der Nation unter Führung der Partei.[75] Schon 2013 hat die KPCh „falsche Gedanken und Ansichten" verboten. Über insgesamt sieben Themen gelte es zu schweigen: universelle Werte, Pressefreiheit, Zivilgesellschaft, Bürgerrechte, historische Fehler der Kommunistischen Partei, Kader-Kapitalismus und Unabhängigkeit der Justiz.

Auf dem 19. Parteitag 2017 wird der totale Anspruch deutlich formuliert: „Im Norden, Süden, Osten, Westen und im Zentrum hat die Partei die Führung."[76]

Natürlich beanspruchten die Parteichefs schon immer die Führung über sämtliche Regionen – genau wie das republikanische Lager oder die Herrscher der Kaiser-Dynastien. Jedwede sezessionistische Bestrebung wurde mit brutaler Gewalt unterdrückt, in Tibet genauso wie in Ostturkestan (dem weitgehend muslimisch geprägten Xinjiang[77]). Doch auch hier hat sich die Repression noch einmal verschärft. Die Sinologin Genia Kostka geht davon aus, dass eine derart brutale Politik wie in Xinjiang, die über eine Millionen Uiguren und andere meist muslimische Minoritäten in Umerziehungslagern misshandelt und demütigt, vor Xi nicht im Bereich des Möglichen gelegen hatte.[78] So scheint der Nationalismus in China noch ethnischer gefärbt als in früheren Zeiten. Han-Chauvinismus ist durchaus verbreitet.[79] Zwar werden die 55 Minderheitenvölker von staatlicher Seite vermeintlich protegiert. Und doch werden die Han im chinesischen Diskurs zur kulturell führenden Meta-Nation. Das Bild, dass die Chinesen heute von sich zeichnen, ist sichtbar ethnozentrisch gefärbt.

Ein sinozentrisches Zeitalter?

Auch wenn man sich traditionell anders versteht, ist die Volksrepublik Kolonialmacht im Innern.[80] Und auch nach außen tritt der „antikoloniale" Parteistaat zusehends imperialistischer auf. Und gebärdet sich „dem Westen" gegenüber aggressiver. Wie in Russland wird der Bevölkerung über eine selektive Geschichtserzählung ein historisches Recht auf Größe vermittelt,[81] das die Mächte des Westens inklusive Japan den Chinesen vermeintlich bis heute verwehren. Allerdings, gibt Klaus Mühlhahn zu bedenken, bespielt die Partei die im Volk ohnehin vorhandenen nationalistischen Gefühle.[82] Der Intellektuelle Zheng Wang hat erklärt: „Die Chinesen haben ein ausgeprägtes Gefühl, auserwählt zu sein, und sind extrem stolz auf ihre vergangenen und zeitgenössischen Leistungen."[83]

Wenig ist so anfällig für Kränkung wie Stolz. Der Verweis auf das „Jahrhundert der Demütigung" ist in China heute allgegenwärtig, in den Schulen, den Universitäten, im öffentlichen Leben.[84] Und tatsächlich hat es ein historisches Geschmäckle, wenn Westler die Chinesen moralisch belehren. Die hehre Rede von Menschenrechten gilt in China nicht von ungefähr als doppelmoralistisch.[85] Die Samen der antiliberalen Propaganda fallen aus den genannten historischen Gründen auf einen relativ fruchtbaren Boden.[86] Dabei ist der Propagandaapparat der Partei nicht nur bemüht, den Universalismus als krypto-westliches Projekt zu denunzieren – so wie die Antiliberalen in Russland, rechte sowie islamistische Kräfte und manche Vertreter des Postkolonialismus. Es geht auch darum, Begriffe wie Demokratie und Menschenrechte „chinesisch" zu besetzten, „soziale und wirtschaftliche Rechte" zu betonen, politische und individuelle hingegen zu schmälern.[87] In einem Grundsatzdokument des Staatsrates heißt es:

> „Es ist antidemokratisch, andere Länder nach dem eigenen Maßstab zu beurteilen oder sie gar durch Farbrevolutionen und Gewaltanwendung zu zwingen, das eigene politische System und demokratische Modell zu kopieren."[88]

China hat nicht nur militärisch aufgerüstet, ist mit Blick auf Taiwan militanter geworden und zeigt seine Muskeln bei den Inselstreitigkeiten im Ost- und im Südchinesischen Meer, es versucht auch beständig, seine Soft Power zu mehren, kämpft eine globale diskursive Schlacht, um kulturelle Hegemonie zu erringen. Federführend ist Wang Huning, die Nr. 5 in der chinesischen Machthierarchie und mutmaßlich Xi Jinpings Chefideologe.[89] Auch Wang hat – wie der Islamist Sayyid Qutb – den Westen in Amerika hassen gelernt und betreibt „groß angelegte Außenpropaganda".[90] Die weltweite Meinung wird zugunsten des Parteistaats und auf Kosten des Liberalismus beeinflusst. Die strauchelnden Demokratien des Westens, mit ihren Trumps und Brexits und inneren Disputen werden als chaotisch und abbruchreif beschrieben.[91]

Dagegen propagiert man die „harmonische Gesellschaft" und wirbt weltweit für die „chinesische Lösung". Modernisierung heiße nicht, sich verwestlichen zu müssen, so Xi im Februar 2023 in einer Rede vor Kadern des Zentralkomitees. China zeige einen anderen Entwicklungsweg auf, ein neues „Modell für den menschlichen Fortschritt". Die Volksrepublik offeriere der Menschheit einen besseren Weg in die Zukunft.[92] Wie seine autoritären Pendants, die Islamisten, die westlichen Faschisten und die antiliberalen Akteure in Russland, bejaht der Parteistaat die technische Moderne; verneint aber zugleich ihre gesellschaftliche Seite – die Emanzipationsmöglichkeit des Individuums.

Das vage Konzept der „chinesischen Lösung" wird in einer gewaltigen Medienoffensive in Ländern des Globalen Südens annonciert[93] und zugleich durch ökonomische Hard Power vermittelt, über Kredite und Investitionen in die Infrastrukturen zahlreicher Länder. Seit die Seidenstraße da und dort an Glanz eingebüßt hat, spricht die Partei nun etwas weniger blumig von „globaler Entwicklungsinitiative".[94] Doch Richtung und Ergebnis sind im Grunde dieselben. China baut seine Geo-Macht aus. Das versprochene „Win-Win" einer wirtschaftlichen Partnerschaft verläuft oft zuungunsten des schwächeren Parts.[95] Man propagiert eine Süd-Süd-Kooperation ohne die anmaßenden Auflagen des Westens – diese aber findet nicht auf Augenhöhe statt. Auch auf China ließe sich der Terminus Morozovs vom „subalternen Imperium" anwenden.[96] Länder, die ihre Kredite nicht bedienen können, werden unter Chinas Einfluss gezwungen. Der sri-lankische Hafen Hambantota wird 99 Jahre lang von Peking kontrolliert.[97] Nebenbei votieren die Empfängernationen bei den UN im Sinne der Partei – auch mit Blick auf den Status Taiwans oder die Situation der Uiguren.[98] Es geht eben nicht bloß um Hilfe zur Entwicklung und die Möglichkeit für Peking, Kapital zu platzieren, sondern darum, einen fest gefügten China-Block zu formen und Pekings Polit-Narrative abzusichern.[99] Die Partei missbraucht die Länder an der „Peripherie", um das „Zentrum" des Systems zu erobern, so wie Mao einst auf die Bauern gesetzt hat, um mit ihrer Hilfe in die Städte zu drängen.[100]

Die „globale Entwicklungsinitiative“ soll dabei nicht von ungefähr durch eine „globale Sicherheitsinitiative“ ergänzt werden. Mit dieser betont Peking, dass die Integrität aller Länder gewahrt werden müsse, stärkt jedoch gleichzeitig Moskau im Ukraine-Krieg den Rücken[101] und will keinerlei Verständnis dafür aufbringen, wie man staatliche Souveränität in Taiwan, Xinjiang, oder Tibet buchstabiert. Was dort passiert, sei Chinas innere Angelegenheit. So ist es wenig verwunderlich, dass der Hausgott der neurechten Bewegung und einstige Kronjurist der Nazis Carl Schmitt und insbesondere dessen „Großraumtheorie“, die den Starken natürliche Einflusszonen zuspricht, nicht nur im Russland Wladimir Putins, sondern auch im China Xi Jinpings rezipiert wird.[102]

Die Volksrepublik, so Clive Hamilton und Mareike Ohlberg, strebe eine völlig neue Weltordnung an, in der autoritäre Systeme dominieren.[103] Sie wird als multilaterale Ordnung gepriesen, gegen die Hegemonie der USA[104] und zu Recht gegen westliche Wirtschaftsprivilegien. Doch es geht Xi nicht um eine bessere Welt, sondern um die Vormacht der KPCh – die Partei ist nicht die Avantgarde ihres Volkes und nicht die Avantgarde der „Verdammten dieser Erde“, sie ist die Avantgarde der Despoten-Entente.

In den transnationalen Institutionen hat Peking seinen Einfluss dabei schrittweise vergrößert, kontrolliert viele wichtige Gremien der UN, betreibt die „Sinisierung der Vereinten Nationen“,[105] hat die Neue-Seidenstraßen-Initiative mit deren Entwicklungszielen verzahnt, beeinflusst die Diskurse des Menschenrechtsrats. Parallel zum Marsch durch die Institutionen werden neuere Organisationen genutzt, um die globale Ordnung neu zu sortieren[106] – wie etwa die „Shanghaier Organisation für Zusammenarbeit“, der neben China und zentralasiatischen Staaten auch der Iran und Russland angehören, mit denen Peking zugleich bilateral kooperiert und im autoritären Regierungsstil vereint ist.[107] Auch pseudo-multilaterale Strukturen, die der chinesische Parteistaat dominiert, spielen bei der Neuordnung der Welt eine Rolle. Der China-Mittel-Ost-Europa-Gipfel etwa trägt dazu bei, die Einheit der EU zu untergraben.

So sprechen Forschende wie Ohlberg, Hamilton und Oertel zu Recht von einer neuen „Systemkonkurrenz". Peking pusht auf vielerlei Weise sein Modell des autokratischen Staatskapitalismus, agitiert gegen liberale Demokratien (auch mithilfe rechter Akteure im Westen und einer ausgeprägten Spionage), vermittelt an manche Nachwuchsautokraten Techniken und Taktiken modernster Kontrolle und wirbt für „Internetsouveränität".[108] Und trotz der Nachteile solcher Kooperationen scheint die „Lösung", die Peking propagiert, für viele Staaten noch immer attraktiv.

Dennoch ist der Transfer der kommunistisch-kapitalistisch-konfuzianischen Ideologie-Collage – jenseits der pragmatisch-autokratischen Basics – in absehbarer Zeit wohl nicht zu erwarten. Die theoretisch-kommunistische Identität und die praktischen Strukturen des mächtigen Parteistaates lassen sich nur schwer auf andere Länder übertragen. Die Partei durchdringt die gesamte Gesellschaft, ist in jeder Schule, Nachbarschaft und Universität sowie in jedem relevanten Unternehmen präsent. Der Staat ist der verlängerte Arm der Partei, die Streitkräfte sind ihr militärischer Flügel. In den meisten anderen autokratischen Regimen stehen derartige Machtressourcen nicht zur Verfügung.[109] Der „Sozialismus chinesischer Prägung" lässt sich nicht einfach so nach Afrika verpflanzen. Die klaren ideologischen Programme des Kalten Krieges gibt es nicht mehr, China habe, so meint Klaus Mühlhahn, kein revolutionäres Sendungsbewusstsein.[110]

Gleichwohl ist die liberale Demokratie durch Chinas globalen Machtanspruch fundamental herausgefordert. Zwar klingt die noch am Anfang der Corona-Pandemie irgendwie plausibel erscheinende Erzählung, das autokratische Modell sei in der Krisenprävention dem Parlamentarismus deutlich überlegen, durch Xis brutale Null-Covid-Politik auch für die Chinesen nicht mehr ganz so überzeugend. Zudem gibt es laut Genia Kostka inzwischen merkliche Anzeichen dafür, dass der implizite Gesellschaftsvertrag – Wachstumsversprechen gegen Bürgerrechtsverzicht – in der chinesischen Gesellschaft wieder kritisch hinterfragt wird.[111] Auch in China glauben viele Menschen, wie der verstorbene Friedensnobelpreisträger Liu Xiaobo, noch an die demokratische Morgenröte. Gleichwohl schätzen nicht wenige Chinesen die vermeintliche Stabilität des Systems. Dass der Parteistaat in absehbarer Zeit kollabiert, ist wohl eher nicht zu erwarten. Die Volksrepublik hat sich in China verankert und drängt auf politische und militärische genauso wie auf wirtschaftliche und kulturelle Dominanz. Ob das liberale Modell den neuen Systemkonflikt gewinnt, hängt auch davon ab, ob dessen interne Probleme von Grund auf und in ihren Ursachen angegangen werden. In ihrer jetzigen Verfassung hat die liberale Welt für sehr viele Menschen an Strahlkraft verloren – im Inneren genauso wie jenseits ihrer Grenzen.

V.

Der Liberalismus als sein eigenes Problem

Wenn jemand aufgrund seines Versprechens, „mit der Kettensäge in der Hand [...] das etablierte System zu Kleinholz zu verarbeiten",[1] Präsident wird, klingt das wie ein Treppenwitz der Geschichte. Von Feinden wird der Argentinier Javier Milei auch „El Loco", der Verrückte, genannt. Ihn als närrischen Freak zu verbuchen, verharmlost indes das historische Verhängnis. Marx hatte wohl recht, als er mit Hegel konstatierte, die Geschichte würde sich stets zweimal ereignen, einmal als Tragödie und einmal als Farce. Der aktuelle Präsident Argentiniens ist insofern kein neues Phänomen.

Milei ist *Anarchokapitalist:* Das Gemeinwesen gilt ihm als mafiöses Gebilde und Steuern als gigantischer Raub.[2] Der Markt hat die Güterverteilung zu regeln, der Staat sichert höchstens das Eigentum ab, der Einzelne darf schalten und walten, wie er will, und ist niemandem Rechenschaft schuldig.

Mit diesem ideologischen Mindset aber scheint Milei keine Ausnahme zu sein, sondern vielmehr die Pointe eines halben Jahrhunderts neoliberaler Ideologie. Jener Anarchokapitalismus ist die Extremform des Rechts-Libertarismus, der die neoliberale Programmatik verschärft, die ihrerseits als eine abwegige Form des eigentlichen Liberalismus erscheint. Eine völlig außer Kontrolle geratene Idee entgrenzter Autonomie, die sich im Paläolibertarismus, den Mileis Mentor Murray Rothbard propagierte, zudem mit rassistischem Gedankengut mischt, vor allem mit dem Traum von einer „weißen" Sezession, der Zerstörung bestehender Staatensysteme und der Gründung freihandelnder Mikronationen.[3]

Derlei Denken ist die konsequente Interpretation von Maggie Thatchers berüchtigter Parole, die die neoliberale Anthropologie einst kurz und bündig ausbuchstabierte: „There is no such thing as society."

Doch ist der Liberalismus auch *als solcher* problematisch, aufgrund einer „monadischen" Vorstellung von Freiheit, wie seine linken Kritiker meinen? Wann genau hat die „Tragödie" begonnen? Erst mit dem neoliberalen Regime, das die Welt seit den 1980er-Jahren bestimmt, oder schon früher, gar im Zeitalter der Aufklärung?

Das Paradigma der liberalen Demokratie ward den Menschen doch als „Lösung" versprochen, inzwischen aber scheint es allenthalben zu zerbröseln, wird nicht nur von etlichen Feinden attackiert, sondern auch durch sich selbst untergraben.

Ist die „Lösung" also zum „Problem" degeneriert? Muss das „liberale Skript" neu formuliert, mit sich über sich hinausgeschrieben werden, um im Kampf mit den autoritären Entwürfen auf lange Sicht nicht das Nachsehen zu haben?[4]

Im Spannungsfeld der Freiheit

Liberalismus und *Demokratie* gehören historisch betrachtet zusammen – als Resultate einer Revolutionierung des Menschen im Ausgang des ständisch verfassten Europas. Die Gesellschaftsvertikale soll für immer überwunden, die Ungleichwertigkeit abgeschafft werden. Das Individuum wird (wieder)entdeckt und soll nun im Verbund mit anderen Individuen selbst eine frei gewählte Ordnung konstruieren, anstatt unter der Knute von Feudalherren zu leben.

Individuelle und kollektive Freiheit, das freiheitliche und das demokratische Moment, sind in der politischen Philosophie des Liberalismus miteinander verzahnt.[5] Denker wie John Locke und Immanuel Kant dachten sich die Freiheit als Freiheit *unter*

Gleichen. Die Idee eines sich selbst bestimmenden Subjekts und jene einer Selbstregierung des Volkes – als Summe dieser freien und gleichen Individuen – gehen zusammen aus der Aufklärung hervor. Damit verknüpft sind der Rechtsstaat, die Teilung der Gewalten und ferner die Vorstellung eherner Rechte, die die Menschen qua ihres Menschseins genießen.[6]

Das individuelle Freiheitsverständnis und die kollektive Freiheit *als* Demokratie sind aber nicht schon automatisch verbunden. Sie scheinen theoretisch sowie historisch relativ nah beieinander zu liegen. Zugleich aber stehen sie in Spannung zueinander, wie die Philosophin Elif Özmen formuliert hat.

> „Die Demokratie gibt eine Antwort darauf, wer herrschen soll, wohingegen der Liberalismus darauf antwortet, wo die Grenzen jeder Herrschaft liegen."[7]

Die demokratische Herrschaft braucht unbedingte Grenzen an den Freiheitsrechten jeder einzelnen Person – wobei die Gretchenfrage lautet, wie weit diese reichen. So braucht die Freiheit der Einzelnen ihrerseits Schranken, und zwar durch die Gesellschaft, in der sie sich vollzieht, damit sie sich nicht auf deren Kosten entfaltet. Individuelle und kollektive Freiheit als chronisch konfliktbehaftete Geschwister stellen nicht die einzige Freiheitskontroverse liberaldemokratischer Ordnungen dar. Ein weiteres Begriffspaar gilt es auszubalancieren: Auch die „negative Freiheit" und die „positive Freiheit" als „Freiheit von …", oder „Freiheit zu …", wie Isaiah Berlin diesen Gegensatz genannt hat,[8] gilt es stetig miteinander zu vermitteln, sie gehören zusammen, doch beharken sich auch. Bei der individuellen, *negativen Freiheit,* geht es um die Freiheitsrechte der Bürger gegenüber dem Staat und anderen Bürgern. Der Staat hat meine Freiheitssphäre nicht zu tangieren, es sei denn, ich verletzte die Freiheit meines Nächsten.

Die *positive Freiheit* ist anders gelagert: Freiheit wird hier als Möglichkeit begriffen, Ziele zu verwirklichen; Bedürfnisse zu stillen. Das lediglich formale Recht, nach Disneyland zu reisen, macht mich in diesem Sinne nicht frei, Freiheit kommt erst mit den Ressourcen zustande, die Reise auch tatsächlich antreten zu können. Egalisierende Eingriffe des Staates, die alle mit bestimmten Möglichkeiten ausstatten, etwa mittels Umverteilung von Steuern, gelten nicht notwendig als Einschränkung von Freiheit, sondern mitunter auch als ihre Bedingung.[9]

So gilt es, nicht nur Freiheit und Demokratie, sondern auch Freiheit und Gleichheit zu versöhnen, weil zumindest ein gewisses Maß an Egalität die Bedingung der Freiheit der Einzelnen ist. Denn was ist Freiheit wert, wenn sie, wie Marx konstatiert hat, bedeutet, dass die meisten Menschen frei sind zu verhungern, während einige wenige in Schlössern residieren?

Nicht zuletzt die Sozialdemokratie sah es einst als ihre Aufgabe an, regulierend dafür Sorge zu tragen, dass die Freiheit nicht zur (Markt-)Freiheit einiger Weniger gegen die Freiheit der Vielen verkommt – aber eben auch nicht zur „Freiheit der Masse", die letztlich die Freiheit des Einzelnen negiert.[10]

Freiheit von… und Freiheit zu…, ferner individuelle und kollektive Freiheiten stehen in einem dauerhaften Spannungsverhältnis und müssen in substanziellen Demokratien stets auf neue Weise austariert werden. Schlägt das Pendel zu stark in eine Richtung aus, wird es für Gesellschaften grundsätzlich gefährlich.

Dass die persönliche Autonomie und die Herrschaft des Volkes theoretisch verzahnt sind, konnte nicht verhindern, dass der Kapitalismus mit seinen schrankenlosen Eigentumsrechten, als Wirtschaftsordnung des Liberalismus, auch *ohne* die Demokratie reüssierte, die er für seine Dynamik nicht braucht. Die auf privaten Besitz an Produktionsmitteln geeichte kapitalistische Gesellschaftsformation marginalisierte die kollektive Freiheit, die der

Liberalismus doch ebenfalls wollte. Erst aufgrund des Drucks durch die Arbeiterbewegung ist der Kapitalismus mit der Demokratie widerwillig Kompromisse eingegangen[11] – besonders im sozialdemokratisch regulierten Kapitalismus der Nachkriegsepoche, im Anschluss an den Sturz der Zivilisation. Doch Kapitalismus und Demokratie können auch offene Gegensätze sein.

Im Rechts-Libertarismus, der Wild-West-Ideologie weiter Teile der US-Republikaner und des Argentiniers Javier Milei etwa tritt dieser Widerspruch offen zutage. Freiheit wird ihrerseits autoritär. Denn hier gilt eine demokratische Entscheidung zugunsten einer öffentlichen Krankenversicherung schon als „kommunistischer" Angriff auf „die Freiheit". So meint der libertäre Milliardär Peter Thiel:

> „Ich glaube nicht mehr, dass Freiheit und Demokratie vereinbar sind. Die große Aufgabe der Libertären besteht darin, einen Weg zu finden, um der Politik in all ihren Formen zu entkommen."[12]

Man muss indessen gar nicht auf den „Wilden Westen" blicken, auf den Traum eines völlig politikfreien Planeten, um die für die Gesellschaft toxische Wirkung einer radikal freigedrehten Freiheit zu gewahren.

Es stimmt zwar, dass es „den Liberalismus" nicht gibt, sondern dieser ein Ideen-Kontinuum darstellt und seit der Französischen Revolution auf der rechten Seite in den Konservatismus und auf der linken in den Sozialismus ragt.[13]

Allein, welche theoretischen Modelle und historischen Ausformungen das liberale Denken auch hervorgebracht hat: Weltweit hat in den letzten 40 Jahren – mit dem Durchmarsch des neoliberalen Regimes – ein Verständnis von Freiheit die Oberhand gewonnen, das Freiheit mehr als persönlichen Besitz denn als gesellschaftlichen Zustand erachtet, als Willkürfreiheit und privaten Egoismus. Auch in den Seuchenschutzdebatten wurde dies deutlich: Die staatlich orchestrierten Infektionsschutzmaßnahmen wurden mehr als Einschränkung von Freiheit diskutiert, denn als solidarisch-gesellschaftliche Antwort auf ein objektiv unfrei machendes Geschehen, mit der die Freiheit auch vulnerabler Personen durch gemeinschaftliches Handeln wiederhergestellt wird.[14] Was ist die Freiheit der „Vorerkrankten" wert, wenn sie frei sind, sich im Supermarkt die Seuche zu holen? Der große Fauxpas des Liberalismus in der Tradition eines Friedrich August von Hayek ist zu glauben, dass das frei flottierende Subjekt erst dort in seiner Freiheit begrenzt werden müsse, wo es willentlich, über intendierten Zwang, die Freiheitspielräume anderer beschneidet.[15] Strukturelle Effekte aber, die Menschen in einer pandemischen Lage oder auf einem entriegelten Markt sterben oder verelenden lassen, werden nicht als Einschränkung von Freiheit gewertet.[16] Der Freiheitsexzess privater Weltraummissionen mag den Menschen in Subsahara-Afrika die Freiheit nehmen, langfristig dort leben zu können, da Elon Musk aber keinem willentlich schadet, kann er so viel CO_2 emittieren, wie ihm lieb ist.

Die neoliberale Freiheitskonzeption leugnet letztlich die menschliche Gesellschaft als Möglichkeitsbedingung jeder einzelnen Freiheit und als Ort, an dem Freiheit *geschieht*. There is no such thing as society. Menschen werden als vereinzelte Monaden und nicht als gemeinschaftliche Wesen gedacht. Nicht zu Unrecht sind viele Beobachter der Meinung, dass das neoliberale Regime die Gesellschaft als natürliches Gewebe der Freiheit indessen nicht nur leugnet, sondern zersetzt und damit die Demokratie in Gefahr bringt. Der real existierende Liberalismus unterhöhlt immer wieder seine eigene Basis – und scheint so die Freiheit im Ganzen zu gefährden.

Nun ist jene Spannung zwischen Freiheit und Gleichheit, und mithin verschiedener Freiheitskonzepte, kein ausschließlich neoliberales Problem, sondern liberalen Demokratien inhärent.

Laut Marx war es ein Fehler des Liberalismus, den Staats- vom Wirtschaftsbürger zu trennen, hier die politische Figur, der „Citoyen", da die private Figur, der „Bourgeois". Die Wirtschaft wurde zum Privatbereich erklärt, jeder demokratischen Kontrolle entzogen, Herrschaftsverhältnisse blieben bestehen, die Fabrikbesitzer erbten von den Grundherren die Macht, die man fortan mit „Verdienst" statt mit „Blut" legitimierte.[17]

Die meisten wurden frei, in doppelter Weise: frei, die eigene Arbeit zu verkaufen, da sie ja nicht mehr als Leibeigene lebten, aber eben auch zugleich dazu verpflichtet, weil sie auch frei an Produktionsmitteln waren. Der Proletarier ist laut Marx

> „[...] frei in dem Doppelsinn, dass er als freie Person über seine Arbeitskraft als seine Ware verfügt, dass er andererseits andere Waren nicht zu verkaufen hat, los und ledig, frei ist von allen zur Verwirklichung seiner Arbeitskraft nötigen Sachen. [...] Eins ist jedoch klar. Die Natur produziert nicht auf der einen Seite Geld- oder Warenbesitzer und auf der anderen Seite bloße Besitzer der eigenen Arbeitskräfte."[18]

Man hatte die Ständegesellschaft überwunden und fand sich wieder in der Klassengesellschaft, in der sich Geld, Beziehungen und Status leistungsethischer Versprechen zum Trotz meist auf dynastische Weise vererbten. Die große Freiheit, die die Aufklärung versprach, erwies sich für die meisten Menschen als leer, was immer wieder Enttäuschung provozierte – und mithin regressive Anfechtungen.

Im Feudalismus kommt die Bäuerin nicht auf die Idee, ihr Leben mit jenem der Fürstin zu vergleichen. Im Liberalismus aber haben – auf dem Papier – alle dieselben Freiheiten inne. Die formale Freiheit aber stößt sich konstant an ihren faktischen Ausübungsgrenzen, man strampelt sich ab, aber kommt nicht voran.

Während Wenige frei sind zu machen, was sie wollen, sind die meisten gezwungen, sich durchzulavieren.

Die Ursprungsidee des Sozialismus war es deshalb, nicht etwa die bürgerlichen Freiheiten zu schassen. Diese sollten dialektisch aufgehoben werden, in einer sozialen Freiheit bewahrt, die die bislang bloß juridische Freiheit an Möglichkeiten ihrer Ausübung koppelt. Das auf halber Strecke ins Straucheln geratene Emanzipationsprojekt der Französischen Revolution sollte also endlich ins Ziel gebracht werden.[19] Freiheit plus Gleichheit und Solidarität.

Der Sozialismus aber, der bald *real existierte*, hat diese Vermittlung völlig verfehlt, die individuelle Freiheit zerstört und totalitäre Gesellschaften errichtet. Die „soziale Freiheit" verkam zum Euphemismus repressiver Sozialexperimente, zur Sprechblase manipulativen Agitprops, zur Catch-Phrase heuchlerischer Unrechtsregime. Dabei diktierte noch nicht einmal das Proletariat, und mithin die anvisierte Republik der Sowjets, es bestimmten verkrustete Parteiapparate.

Der Siegeszug des neoliberalen Regimes

Der Philosoph Axel Honneth hat den Sozialismus einmal als Stiefkind des Liberalismus bezeichnet, nicht als Gegensatz, sondern als ergänzendes Programm.[20] Auf der westlichen Seite des Eisernen Vorhangs übte man in den Nachkriegsgesellschaften Formen besagter Freiheitsvermittlung, wenn auch mit den Lehren von Keynes statt von Marx; und trotz der Fehler und des Unrechts in den „Trente Glorieuses", der Zeit bis Mitte der 1970er-Jahre, zumindest im innerstaatlichen Bereich mit mehr Erfolg als in den Ländern des Ostblocks. Zwar florierte noch immer der Kapitalismus, dieser aber war doch domestiziert und schien zugleich sein Versprechen einzulösen, die Produktion in ungeahnte Höhen zu treiben, „Wirtschaftswunder" zu realisieren und den Kuchen insgesamt größer zu machen. Zwar wurden Frauen an den Haushalt gekettet und jede Form des Andersseins marginalisiert, die Höllenmaschine des Kolonialismus bedrängte noch weite Regionen der Welt.

Doch die Klassengrenzen schienen membranhafter zu werden, Fahrstuhleffekte und Mobilität waren keine vollkommen leeren Versprechen. Sowohl auf der Linken als auch auf der Rechten dominierten Diskurse der Markregulierung. Keynesianische Planung und Wohlfahrtsstaat sowie nachfrageorientierte Wirtschaftspolitik schienen die Gebote der Stunde zu sein, auch deshalb, weil der Kapitalismus im diskursiven Krieg mit dem anderen System den Ruch der sozialen Kälte loswerden musste.

Zur Mitte der 1970er-Jahre aber gerät das keynesianische Modell in Bedrängnis. Im Kontext der weltweiten Ölpreiskrise beginnt im Westen eine Stagflation, Wachstumsflaute und Arbeitslosigkeit verbunden mit merklichen Preissteigerungen. Ein neues Paradigma bringt sich in Stellung, das lange von wirtschaftsliberalen Ideologen und elitären Thinktanks vorbereitet wurde. Die Neoliberalen wittern Morgenluft, die Deregulierungsepoche beginnt. Die Zeit der Friedrich August von Hayeks, der Milton Friedmans und Ludwig von Mises, die ihre marktradikalen Visionen schon seit 1947 in der Mont Pèlerin Society entwickeln.[21] Die Denker und die Strukturen sind da, und schließlich auch der politische Wille.

Die neoliberale Chicagoer Schule hat in den 1970er-Jahren auch keinerlei Berührungsängste mit der Diktatur. Pinochets Chile ist das Labor, um ohne jeden demokratischen Einwand Konzepte des Monetarismus zu testen, angebotsorientierte Wirtschaftspolitiken, Privatisierung, Deregulierung. (Auch die Reformer des Jelzin-Lagers werden viele Jahre später in Chile geistige Anleihen machen.)[22] Die klassisch-kommunistische Dimitroff-

These, die faschistische Regime als letzte Häutung kapitalistischer Ordnungen vermeinte, verkennt zwar das Wesen des Liberalismus als antiautoritärer Idee und ist selbst ein Ergebnis ideologischer Verblendung. Was aber durchaus stimmt, ist, dass das Kapital sich gerne mit dem Autoritarismus arrangiert, solange der die Akkumulation nicht verhindert. Nicht von ungefähr fördert das Atlas-Netzwerk, in dem auch FDP-Politiker aktiv sind, über neoliberale Institute weltweit Rechtspopulisten, die auf Marktfreiheit setzen.[23]

Mit Maggie Thatcher im Vereinigten Königreich und Ronald Reagan in den USA wird das neoliberale Modell ab den 1980er-Jahren in den westlichen Kernländern hegemonial. Es durchformt aber nicht nur die politische Rechte, sondern seit den 1990er-Jahren auch weiteste Teile der politischen Linken, die Gerhard Schröders und Tony Blairs kapern die stolze Sozialdemokratie. Nach dem Niedergang des Sowjet-Systems macht die freie Marktwirtschaft nicht mehr auf freundlich, Kapital soll sich ungebremst akkumulieren.[24]

Der entgrenzte Finanzmarktkapitalismus wird trotz seiner Neigung zum krisenhaften Chaos als vollkommen alternativlos gepriesen. Der klassische Sozialstaat steht unter Druck, in Deutschland startet die Agenda 2010. Der Rückbau der Sicherungssysteme beginnt, die Arbeitsmärkte werden flexibilisiert, was bedeutet, dass man leichter gekündigt werden kann, die Arbeitslosenhilfe wird zusammengestrichen, dem Staat wird ein radikales Spardiktat verordnet, weniger Ausgaben, weniger Schulden – und weniger Steuern für große Unternehmen. Die Wirtschaft will die Konjunkturflaute beenden, doch tut dies auf dem Rücken besitzloser Menschen. Gerhard Schröder bringt den Zeitgeist auf den Punkt, das Mantra der Alternativlosigkeit: „Es gibt keine linke oder rechte Wirtschaftspolitik, nur eine moderne oder unmoderne."[25]

Die neue Moderne, die nun beginnt, wird man in der Folgezeit auch Spätmoderne nennen. Diese entwickelt sich im Laufe der Jahrzehnte, im Kontext zunehmender Globalisierung, zu einem Angst-, Enttäuschungs- und Wutgenerator, der den Glauben an die Demokratie untergräbt. Sowohl in den diversen Gesellschaften des Westens als auch in jenen nun zugänglichen Landen, wo der Import des Kapitalismus sich mit Hoffnungen auf Freiheit und Wohlstand verband.

Der Faschismus und die Deklassierten aller Klassen

Was genau aber schürt nun die Ressentiments? Die Forschung nennt eine Reihe von Gründen für den Zugewinn regressiver Antimodernisten auch in den ältesten Demokratien. Eindeutig sozioökonomische Gründe verbinden sich mit soziokulturellen Faktoren und einem Wandel der politischen Struktur zu einem nachgerade toxischen Gemisch.

Zwar ist die liberale Demokratie tendenziell schon immer ein Elitenprojekt. Die meisten Parlamente sangen und singen mit „starkem Oberklassenakzent". Dies aber hat sich jüngst noch verstärkt, wie Armin Schäfer und Michael Zürn gezeigt haben.[26] So sind einige Bevölkerungsschichten in den Parlamenten kaum repräsentiert.[27] Zudem würden seit Jahren immer mehr Kompetenzen auf „nicht-majoritäre Einrichtungen" wie Verfassungsgerichte und Zentralbanken verlagert.[28] Auch auf übernationale Institutionen, die die Steuerungsoptionen von Staaten verringern, was nicht zuletzt im Kontext der globalen Erwärmung und anderer Probleme der Menschheit als solcher einerseits unausweichlich erscheint, doch zugleich ein politisches Phlegma befördert. Wenn das System zudem so gebaut ist, dass große Unternehmen Politik dominieren, weil sie bei unliebsamen Entscheidungen bezüglich des Steuer-

oder Arbeitsmarktsystems damit drohen können, Arbeitsplätze zu verlagern, ist die postdemokratische Verkrustung komplett. Viele Fragen der Finanz- oder Wirtschaftspolitik stehen demokratisch kaum zur Diskussion und sind vollkommen entpolitisiert. Politik wurde zunehmend zum Raum der Experten mit dem Ziel, die schöne neue Welt zu verwalten. Der neoliberale Kapitalismus mit seinen entsicherten Finanzmarktsystemen erschien so beinahe als menschliches Schicksal. Die Selbstinszenierung der Neoliberalen als die letzten und einzigen Nichtideologen, als Agenten einer überhistorischen Vernunft und die alternativlose „Technokratie", die diese Erzählung auf den Plan gerufen hat, zahlten auf das große Frustrationskonto ein. Das Liberale bleibt bestehen, ja weitet sich aus, Gleichheit und Demokratie nehmen ab. Die Philosophin Chantal Mouffe hat polemisch erklärt:

> „Wahlen bieten keine Gelegenheit mehr, sich über traditionelle ‚Regierungsparteien' für tatsächliche Alternativen zu entscheiden. [...] Somit wurde die Macht des Volkes, einer der Grundpfeiler des demokratischen Ideals untergraben. Die Volkssouveränität wurde für obsolet erklärt und die Demokratie auf ihre liberale Komponente reduziert. [...] Das Ergebnis neoliberaler Hegemonie ist, dass sowohl sozioökonomisch als auch politisch ein wahrhaft oligarchisches Regime geschaffen wurde."[29]

Diese Erzählung ist nicht vollkommen falsch, doch birgt in dieser Zuspitzung auch große Gefahren, da das System trotz allem demokratischer und freier als die Alternativen erscheint, die die Feinde des liberalen Skripts offerieren.

Mouffes Weg ist jener des „Linkspopulismus", ihre Zeugen sind die Corbyns und die Mélenchons, auch die Sarah Wagenknechts nicht zu vergessen. Deren regressive Nationalisierungsprojekte, mitunter antisemisch grundiert, nähern sich deutlich dem Rechtspopulismus, der unterkomplex und mit Schaum vor dem Mund das gute, ethnisch gelesene Volk mit der kosmopolitischen Elite kontrastiert.[30] Auch Linkspopulismus führt in die Irre – und doch haben Gleichheit und Demokratie im Zeitalter neoliberaler Politik zugunsten entriegelter Freiheit gelitten. Das ist der Nährboden falscher Politik.

Mit der Polit-Struktur verschränkt sind ökonomische Verwerfungen, die ebenfalls zu Animositäten führen können. Die wirtschaftliche Ungleichheit ist größer geworden, die Schere zwischen Armen und Reichen klafft auf, wer schon Kapital hat, macht mehr Kapital, wer arbeitet, kommt oft gerade so durch. Abseits der eklatanten Ungerechtigkeit und der lebensweltlichen Entkoppelung der Schichten führt das Vermögens- und Einkommensgefälle auch dazu, dass sich die *politische Gleichheit* als großes Versprechen des Liberalismus immer weniger einlösen lässt. Die ökonomische tangiert die politische Sphäre.[31] Wer vermögend ist, kann seinen Einfluss geltend machen. In Reinform zeigt sich dies in den Vereinigten Staaten, in denen große Teile des Polit-Personals von privaten Geldgebern abhängig sind.

Die neoliberale Globalisierung produziert zudem ökonomische Verlierer, nicht selten aus der alten Industriearbeiterschaft. Der Rust Belt als Nistplatz des reaktionären Trumpismus ist für diese Spezies zum Sinnbild geworden. Halt und Sicherheit stiftende Gewerke gingen in zahlreichen Ländern zugrunde. Die Arbeit wurde in Regionen verlagert, in denen sie nun profitabler ausgebeutet wird. Was hier oft biografische Brüche evoziert hat, die sich nicht zuletzt in Wut artikulieren. Hinzu kommt, dass im neuen Kapitalismus der geistigen Güter und Dienstleistungen die klassische Werkarbeit weniger zählt.

Doch nicht nur die realen ökonomischen Verluste werden in der Forschung als Gründe genannt, warum ein extremer Nationalismus das Denken und Fühlen von Menschen befällt. Es sind auch die zunehmende Prekarisierung und beständigen Abstiegsängste der Mitte, das Empfinden eines völligen Verlusts an Kontrolle und das Hadern mit dem großen Veränderungsdruck, durch die das Gelöbnis des „take back control" für manchen zur Heilserzählung gerinnt.[32] Statt mit dem Fahrstuhl nach oben zu fahren, wie es die Fortschrittserzählung verhieß, schlittert man über einen „Slippery Slope", nicht wenige Menschen haben das Gefühl, gegen rutschige Berghänge anlaufen zu müssen, um wenigstens den aktuellen Status zu halten.[33]

Dabei sind nicht nur monetäre Verluste das Problem, ob nun wirklich oder antizipiert, sondern auch das Empfinden, *symbolisch* zu verlieren, und sei es nur durch „relative Deprivation", die Wahrnehmung, dass die eigene Peer Group verglichen mit anderen an Ansehen verliert.[34]

Besonders hier, an der narzisstischen Kränkung, nährt sich das vielköpfige Monster des Faschismus. So verschränken sich die *sozioökonomischen* Einbußen, oder vor allem die Ängste vor diesen, und das Empfinden, *politisch* nicht zu zählen, besonders bei weißen, männlichen Subjekten mit der Wahrnehmung *soziokultureller Verluste*, die das rechte Lager zu bewirtschaften weiß.[35]

Die progressive Umwertung der bürgerlichen Werte, die Tatsache, dass vormals Marginalisierte, Frauen, Queers oder People of Colour jene politischen Rechte verlangen, die der klassische Liberalismus ihnen entgegen seiner eigenen Doktrin über Jahrhunderte vorenthalten hat, befördert einen wutgetränkten kulturellen Backlash. Die Unterdrückten machen Ernst mit dem liberalen Skript und fordern gesellschaftliche Anerkennung ein, was die lange vom Liberalismus Begünstigten nun gegen eben diesen aufbegehren lässt.

So hat die Wende der großen Liberalisierung eine radikal zweischneidige Wirkung entfaltet. Zwar wurden die sozialen Systeme geschröpft und die Verteilungsfrage ignoriert, doch im Sektor gesellschaftlicher Emanzipation, bei Bürgerechten der Marginalisierten wurden immense Fortschritte erzielt, wenn auch noch lange nicht in ausreichendem Maße.

Der progressive Wandel ist ein großer Gewinn. Problematisch daran ist, wie Nancy Fraser erklärt, dass sich die Linke in den letzten Dekaden *fast ausschließlich* mit Anerkennungsfragen befasst hat, im Grunde radikal-liberale Politik macht, soziale Gerechtigkeit indessen ignoriert.[36] Im „progressiven Neoliberalismus" integriert das Kapital die Emanzipation, was es weniger kostet als vernünftige Löhne. Wie schon oft wird das Rebellische kommodifiziert, Diversity ist ein profitables Produkt. Zwar sitzen inzwischen wenigstens vereinzelt auch Frauen of Colour in Führungsetagen, ohne dass die immer noch strukturellen Gründe ihrer Diskriminierung beseitigt worden wären. Die Ausbeutung aber kommt im Zeitalter von Mc-Jobs und Gig Economy ohne jedweden Puffer daher.[37] Nancy Fraser:

> „Mit der Schwächung der Neuen Linken verschwand deren Grundsatzkritik an der Struktur der kapitalistischen Gesellschaft […]. Damit schrumpften die Ansprüche ‚progressiver' Kreise und selbst deklarierter ‚Linker' unmerklich zusammen. Was den Handel jedoch erst perfekt machte, war das Zusammentreffen dieser Entwicklung mit dem aufkommenden Neoliberalismus. Eine Partei, die die kapitalistische Ökonomie liberalisieren wollte, fand ihren Traumpartner in einem meritokratischen und unternehmerfreundlichen Feminismus, der sich auf das Durchbrechen ‚gläserner Decken' konzentrierte."[38]

Nun geht die Meritokratie in die Vollen, verbunden mit dem Ethos der Authentizität.[39] Die Imperative der Leistungsgesellschaft und der Performance des eigenen Ich werden zu heiligen Leitsätzen erhoben, egotaktisches Lebenslaufdesign und das Kuratieren der eigenen Person zu alles entscheidenden Techniken des Selbst.

Folgt man dem Soziologen Andreas Reckwitz, geht mit der Deregulierungsepoche auch ein Wandel der „nivellierten Mittelstandsgesellschaft" zur „Gesellschaft der Singularitäten" einher.[40] Fortan wird nur noch das Besondere prämiert, in der kulturellen Sphäre genau wie in der Wirtschaft betonen alle ihre Einzigartigkeit. Jeder will es schaffen, aus eigener Kraft. Die Gesellschaft scheint sich immer mehr zu atomisieren, Solidarität klingt nach 1970er-Jahren. Produkte von der Stange und Normalbiografien haben auf den Märkten immer öfter das Nachsehen. Immaterielle und symbolische Güter wie „das ganz besondere Urlaubserlebnis" werfen die bloß funktionalen aus dem Feld. Aufmerksamkeit ist die Ware der Zeit. Egal ob am Arbeitsplatz oder auf Tinder: Das spätmoderne, vereinzelte Subjekt ist ständig bemüht, originell zu erscheinen und seine eigenen Kompetenzen zu betonen. Das Versprechen der Entfaltung klingt schön wie noch nie, die Kulturindustrie inszeniert die Parole: Wer nur genug er selbst ist, dem kann alles gelingen. Das Grau in Grau der miefigen Gesellschaft von gestern wird mit grellbunten Farben übermalt. Doch die Erzählung der Multioptionalität bricht sich zugleich an der hässlichen Wahrheit maximal ungleicher Chancenverteilung. Theoretisch kann nun wirklich jede nach oben, doch praktisch kommen eher weniger hoch.

Wie der Philosoph Stefan Gosepath meint, ist die Meritokratie eine Nebelkerze des privilegierten Besitzbürgertums, mit der die ungleichen Startbedingungen verschleiert werden können.[41] Das Leistungsethos ist insofern ein Trugbild, als Menschen in unserem Gesellschaftsgefüge ihr Leben auf verschiedenen Positionen beginnen und diverse Kapitalformen ungleich verteilt sind. Doch wer unten bleibt, hat eben nicht genug geleistet oder war einfach nicht *besonders* genug und wird für sein oft strukturell bedingtes Zurückbleiben auch noch individuell verantwortlich gemacht.

Der häufig uneinlösbare Anspruch, zugleich beruflich erfolgreich zu sein und sich selbst auch noch verwirklichen zu müssen, hinterlässt das verstetigte Gefühl des Versagens und hat nicht nur Erschöpfungsdepressionen zur Folge, wie der Soziologe Alain Ehrenberg erklärte,[42] sondern auch Groll und Ressentiment.

Das Versprechen an alle, sich gestalten zu können und eben damit erfolgreich zu sein, wird zum belastenden Imperativ. Jeder kann es schaffen, jeder muss es schaffen. Die meisten aber werden vom Zwang der Verhältnisse durch die immer noch grauen Normalbiografien ihrer angestammten Milieus geschleust – was, da es ja eigentlich jeder schaffen sollte, Frustration und Wut produziert. So zeigen Carolin Amlinger und Oliver Nachtwey, dass die bloß negative Freiheit Gefahr läuft, dialektisch in Autoritarismus umzuschlagen, wenn die Freiheits- und Selbstverwirklichungsversprechen durch die Wirklichkeit schlicht nicht gedeckt werden können.[43] Radikal gekränkt, flieht die Freiheit nach vorne und fordert sich selbst in exzesshafter Gestalt – wie das Phänomen der Querdenker zeigt. Wenn Freiheit als Versprechen gleichsam omnipräsent ist, ihre Ausübung indessen vielfach ausgebremst wird, wird die Freiheit im Namen ihrer selbst attackiert. Amlinger und Nachtwey beschreiben es so:

> „In der Gegenwart wird oftmals ein libertäres Freiheitsverständnis sichtbar, das […] gesellschaftliche Übereinkünfte als äußere Beschränkungen betrachtet, die die eigene Selbstverwirklichung auf illegitime Weise eingrenzen. Die Anhänger:innen eines solchen Verständnisses empfinden das Tragen eines Mund-Nasen-Schutzes oder gendersensible Sprachkonventionen als Blockade, die sie in ihrer Entfaltung hemmt. […] Der libertär-autoritäre Protest richtet sich gegen die spätmoderne Gesellschaft, rebelliert aber im Namen ihrer zentralen Werte: Selbstbestimmung und Souveränität."[44]

Jenseits der emanzipatorischen Errungenschaften formt die singularisierte Gesellschaft wirkliche Verlierer ebenso wie Gewinner, die sich aber dennoch als Verlierer empfinden. Und während weite Teile der politischen Linken mit dem Pathos der Authentizität schwanger gingen, sich vor allem um symbolische Fragen bemühten, etwa um herrschaftsfreie Artikulation, und besonders in der Mittelschicht der Großstädte aufgingen, sah die Rechte ihre Stunde gekommen.

Der autoritäre Rechtspopulismus (und der Linkspopulismus im Wagenknecht-Stil) versuchten, die sich auftuende Lücke zu besetzen, erhoben sich zum Makler des kleinen weißen Mannes und stellen die Verteilungs- und die Anerkennungsfrage fortan als radikale Gegensätze dar. Als sei es die genderneutrale Toilette, die die Arbeitsplätze im Rust Belt vernichtet oder die Strukturschwäche Brandenburgs bedingt und den scheinbaren oder tatsächlichen Sachzwang transnationaler Verflechtung bewirkt.

Ökonomische genauso wie symbolische Einbußen und die Verunsicherung durch den Veränderungsdruck werden mit der Nestwärme des Volkes therapiert. Das politische und das ökonomische Feld werden auf *kulturelle* Weise bestellt. Sowohl das Gefühl, demokratisch nicht zu zählen (etwa wegen technokratischer Bestimmungen aus Brüssel), als auch die sozialen und symbolischen Verluste (durch Wirtschaftskrisen und Emanzipation) werden mit Identität kompensiert – die Geborgenheit und Größe wiederherstellen soll. Die Siegerstraße führe vorwärts zurück, in die Retrotopie des natürlichen Lebens. Wenn die nationale Ordnung wieder hergestellt ist, die spätmodernen Verwirrungen beseitigt, man lebt, spricht, isst und sich fortbewegt wie damals, great again, wie in den guten alten Tagen, lange bevor die „globalistischen Eliten“ mit ihrer hemmungslos „wurzellosen“ Lebensgestaltung ein hyperkulturelles Diktat formulierten, dann, ja dann sind alle Probleme des Volkes ein für alle Mal gelöst.

Der Faschismus nährt sich an einem Gemisch aus ökonomischen, politischen und kulturellen Gründen, profitiert von den die Menschen verunsichernden Krisen und richtet sich an abgehängte Arbeiter genauso wie an ein ängstliches Kleinbürgertum oder den gut betuchten Bourgeois, der durch die emanzipatorische Entwicklung um seine Kulturprivilegien besorgt ist. Er wirbt – mit dem Marxisten August Thalheimer gesprochen – um die Deklassierten sämtlicher Klassen, die Frustrierten, Enttäuschten und Ausgebooteten.[45]

Er ist die falsche Antwort auf das Gute und das Schlimme, das der Liberalismus in die Welt gebracht hat, reagiert auf die sozialen und mentalen Verwüstungen, die kapitalistische Gesellschaften befördern, zugleich aber *auch auf die Emanzipation*, auf die Selbstermächtigung und Autonomie von Menschen, die vorher an den Rand gestellt waren.

Dies hat er mit dem Islamismus gemein, der als antikoloniale Bewegung entstand und sich gegen wirkliche Ausbeutung wand, zugleich aber auch gegen die Freiheit opponierte, die das Aufklärungsdenken in den Köpfen montierte. Und auch hier, in den westlichen Gesellschaften, folgt der Islamismus dieser Doppelstruktur. Er wildert im Milieu der Diskriminierten, die unter rassistischer Ausgrenzung leben, und kämpft doch gegen jede Emanzipation, verspricht ein ehernes Wertegerüst als Festung im Strudel der Ortlosigkeit. Auch Islamisten erzählen von der großen Wiederauferstehung, „great again" ist auch ihre Parole.

Liberales und sozialistisches Denken darf hinter Emanzipation nicht zurück: Die Forderung sowohl einer politisch-juridischen als auch einer gesellschaftlichen Gleichheit, die universalistische Freiheitsidee, die trotz verschiedener Anthropologien und den sich daraus ergebenden politischen Modellen doch beiden Strömungen eingeschrieben ist, ist zivilisatorisch von unschätzbarem Wert.

Zwar stimmt es, dass heute ein Großteil der Linken – das identitätspolitische Lager wie die neoliberale Sozialdemokratie – die soziale Frage vernachlässigt hat. Der Erfolg der Rechten ist das Scheitern der Linken. Was kein Liberaler und keine Sozialistin indes auch nur ansatzweise zulassen dürften, wäre ein Zurückfallen hinter das Erreichte. Niemand, der irgendwie fortschrittlich denkt, möchte zurück in die „Trente Glorieuses", wo man zwar oft eine ganze Familie von einem Einkommen ernähren konnte, dieses aber stets ein männliches war und Frauen außerhalb der eigenen vier Wände höchstens auf Gnaden ihrer Männer malochten; und Rassismus sich ohne jede Scheuklappe zeigte. Der Abbau gesellschaftlicher Marginalisierung und gerechte Verteilung gehören zusammen.

Da der soziokulturelle Wandel viele überfordert und vielfach als symbolisches Verlieren erlebt wird, wird der Rechtspopulismus wohl nicht so bald verschwinden. Und doch würde wirklich linke Politik, die sich ernsthaft der sozialen Verwerfungen annähme (und gegen politische Verkrustung opponierte), die Übersetzung sozioökonomischer Probleme in die Sprache des kulturellen Krieges erschweren. Auch hätten die Rechten es ungleich schwerer, die Abstiegsängste der unteren Schichten in rassistischen Hass auf Migranten umzuschmelzen. Stünde eine wirklich soziale Politik der kulturellen Liberalisierung zur Seite, würde die liberale Demokratie deutlich weniger Angriffsfläche bieten.

Nicht hinter den Liberalismus zurück

In welche Richtung gilt es nun politisch zu denken? Wie ließen sich Freiheit und Demokratie oder Freiheit, Gleichheit und Solidarität wieder in ein besseres Verhältnis überführen? Die marxistisch inspirierte Philosophien Rahel Jaeggi und der linksliberale Philosoph Stefan Gosepath nehmen hier verschiedene Gewichtungen vor.

Gosepath versteht sich im Anschluss an John Rawls, der die politische Philosophie in den 1970er-Jahren wiederbelebte, als egalitären Linksliberalen und plädiert im Sinne identischer Freiheit für Umverteilung und Partizipation. Hohe progressive Steuern auf Vermögen und Erben sowie eine Demokratisierung von Betrieben, etwa durch eine Vergenossenschaftlichung, eine deutliche Beschränkung von Eigentumsrechten, aber Marktwirtschaft als Steuerungsprinzip.[46] Denkerinnen wie Jaeggi gehen einen Schritt weiter. Es gehe eben nicht bloß um gerechte Verteilung und die Allokation der Wirtschaftsresultate. Für den rawlsianischen Linksliberalismus bliebe die Wirtschaft *als solche* eine Black Box. Genau an diese aber müsse man ran und die Produktion von Grund auf verändern.[47]

Der Vorwurf von Autorinnen wie Nancy Fraser oder Rahel Jaeggi an den Linksrawlsianismus ist, dass dieser die tiefenstrukturellen Widersprüche des Kapitalismus nicht auflösen könne. Etwa die Trennung von Gemeinwesen und Ökonomie sowie von Eigentümern und Produzenten,[48] die Privatisierung gesellschaftlichen Mehrwerts sowie den strukturellen Steigerungszwang, das Prinzip dynamische Stabilisierung – das vor dem Hintergrund globaler Erwärmung lebensbedrohliche Züge erhält. Wer vom Liberalismus nicht sprechen wolle, müsse auch vom Kapitalismus schweigen.[49]

Die Kernfrage sei nun, was wir als Gesellschaft kollektiv entscheiden, produzieren zu wollen, was wir brauchen und wie wir es herstellen möchten. Denn die freie Wirtschaft habe mächtigen Einfluss auf fundamentale Fragen des Lebens – so etwa in den Sphären Gesundheit und Wohnen –, doch liege jenseits demokratischer Gestaltungsmöglichkeiten.[50]

Nun ist die „Demokratisierung der wirtschaftlichen Sphäre“ freilich kein unproblematisches Programm. Sie müsste sich vor allem auf bestimmte Bereiche der notwendigen Daseinsvorsorge beschränken – als Sozialismus der Infrastruktur. Die totale Entmarktung wäre autoritär. Dem Denker Karl Polanyi und anderen zufolge sind Märkte auch gar kein Spezifikum des Kapitalismus, was Letzteren ausmacht, ist deren Entgrenzung,[51] die kontinuierliche Kolonisierung sämtlicher Lebensbereiche durch den Markt, bis alles dessen ureigener Logik gehorcht.[52] Gesellschaften sollten darüber diskutieren, wo sie Märkte begrüßen und wo eher nicht. Wenn das Handeln privater Wohnungskonzerne auf das Leben von Menschen große Auswirkungen hat, die diese überhaupt nicht beeinflussen können, besteht ein Demokratiedefizit. Und wenn ein Volksentscheid, diese Konzerne zu enteignen, von der Politik nicht ernst genommen wird, führt das zu Demokratie-Lethargie. Wenn wichtige Aspekte des gesellschaftlichen Lebens im Bereich gemeinsamer Beratung und Entscheidung von vornherein keine Rolle spielen können, ist die demokratische Zone zu eng.[53]

So wichtig die „Checks and Balances" sind, um Bürger- und Minderheitenrechte zu schützen, helfen sie auch dabei, das Eigentumsregime und die Freiheit auf unbegrenzte Renditen gegen den Willen der Mehrheit zu sichern. Die Verfassungsrechte sozial zu erweitern wäre vielleicht nicht die schlechteste Idee. Dennoch: Wo die Grenzen der Herrschaft des Volkes liegen, bleibt als eine essenzielle Frage bestehen, hier gibt es kein Zurück hinter den Liberalismus. Wie wir als Gesellschaft zusammenleben wollen, und mithin welche Güter die Gesellschaft produziert, haben eben nicht bloß Kollektive zu entscheiden. In Sphären, die tatsächlich alle betreffen, ist das demokratische Prinzip zu beachten. Würde „die Gesellschaft" indessen entscheiden, dass keine Gitarren produziert werden dürfen, weil Geigen zur Erquickung der Menschheit genügen, wäre das ein eklatantes Freiheitsdefizit. Die Frage, was jemand braucht oder nicht, kann schnell zu einer ungeheuren Anmaßung geraten. Die individuelle und die kollektive Freiheit müssen genau wie „Freiheit von" und „Freiheit zu" also stets auf neue Weise ausgelotet werden.

Das interessanteste Modell einer konkreten Utopie, um die intensive Einkommensspreizung zu mindern, und Demokratien demokratischer zu machen, hat jüngst wohl Thomas Piketty vorgelegt. Ein Programm, das Vollbeschäftigung und Grundeinkommen sowie ein temporäres Erbe für alle durch massive progressive Steuern auf Vermögen, Erbschaften und Einkommen finanzieren soll. Die Reanimierung eines mächtigen Sozialstaates sei Grundlage für eine Entmarktung der Wirtschaft in Sektoren wie Gesundheit, Bildung, Erziehung, Kultur, Verkehr und nicht zuletzt Energie.[54] In diesen nicht mehr gewinnorientierten Bereichen gäbe es ferner keinen Steigerungszwang. Womöglich könnten partielle Entmarktung und ein wirklich funktionierender Sozialstaat nicht zuletzt das Leben entschleunigen helfen, Ängste und mithin Entfremdung verringern und resonantere Weltbeziehungen zulassen – so zumindest der Sozialphilosoph Hartmut Rosa.[55]

Das Erbe für alle ließe sich indessen im gewinnorientierten Bereich investieren, in ein persönliches Projekt oder kleines Unternehmen. Auch Partizipation und Kapitalbeteiligung der Belegschaft in Firmen des privaten Bereichs, etwa über Lohnfonds, nennt Piketty. Das arbeitende Volk würde spürbar ermächtigt.[56]

Doch was die konkreten Maßnahmen wären und ob man das als egalitär-liberal oder demokratisch-sozialistisch bezeichnet, sind womöglich gar nicht die wichtigsten Fragen.[57] Entscheidend ist, dass maßvolle Alternativen zum Status quo diskutiert werden können, ohne aus dem etablierten Diskurs von vornherein als irrsinnig aussortiert zu werden. Gegen all das mag es gute Einwände geben, wichtig aber wäre eine echte Diskussion, um den Konsens des (vermeintlich) Alternativlosen zu brechen. Eine Demokratisierung der Demokratie würde ihr womöglich neues Leben einhauchen.

Die größte Schwierigkeit liegt indes darin, dass jene supranationalen Strukturen, in die das Wirtschaften eingebunden ist, ebenfalls demokratisiert werden müssten. Auch wenn das heute beinahe unmöglich erscheint, sollte man zumindest in diese Richtung denken. Es ist ein großes Dilemma, dass die Demokratie bislang keine genügenden Konzepte hervorgebracht hat, die der Globalisierung wirklich Rechnung tragen würden.

Eine stärkere Demokratisierung der EU und anderer transnationaler Strukturen wäre für Gesellschaften ein großer Gewinn. Auch eine profunde Analyse der Frage, welche Probleme auf die supranationale und welche auf die staatliche Ebene gehören, und eine Reform der bestehenden Verträge müssten als Mittel in Betracht gezogen werden. Dabei ist völlig klar, dass die großen Fragen wie Klimawandel, Seuchen und globale Migration, die Regulierung der entfesselten Finanzmarksphäre oder die Besteuerung von Großunternehmen in übernationale Formate gehören. Dass es dabei überaus wichtig wäre, nicht zuletzt die digitalen Riesen zu zähmen und nebenbei das Internet zu reglementieren, in dem eben diese Riesen an der Spaltung der Gesellschaft und der Zirkulation von Hetze verdienen, darf dabei ebenfalls nicht unerwähnt bleiben. Vieles von dem, was uns heute betrifft, sind schlicht keine Gated-Community-Probleme. Die nationale Trutzburg ist keine Option. Wir brauchen mehr und nicht weniger globale Verflechtung, aber eben deutlich demokratischer als jetzt.

Für einen reflektierten Universalismus

Und was ist mit den äußeren Anfechtungen, wie ließe sich diesen sinnvoll begegnen – auch jenseits von Hard Power und wichtigen Sanktionen gegenüber Staaten wie Russland und Iran?

Wenn das „liberale Skript“ im ideologischen Kampf mit seinen autoritären Gegenmodellen nicht untergehen soll, muss es attraktiver werden. Es muss sich nicht nur wehrhaft gegen Rechtsextreme zeigen – und sich im Innern demokratischer und gleicher ausgestalten. Auch nach außen müsste sich der sogenannte Westen deutlich egalitärer gebärden – vor allem gegenüber den Entwicklungsnationen. Seine Softpower kann man nur dadurch erhöhen, dass man als glaubwürdig wahrgenommen wird.

Die Chinesen etwa sind aus historischen Gründen chronisch gereizt, wenn Europäer sie belehren. So sind die kolonialen Aggressionen des Westens im kommunikativen Gedächtnis verankert. Die Erinnerung an das „Jahrhundert der Demütigung" dient Xi als Ressource für die Staats-Propaganda. Die hehre Rede von den Menschenrechten wird dem Westen nicht abgenommen. Die Samen des Antiliberalismus fallen auf einen relativ fruchtbaren Boden. Auch bei vielen Menschen in den Staaten des Südens hat die liberale Demokratie ob der Kolonialgeschichte keinen guten Leumund – was Xi Jinping und Wladimir Putin dabei hilft, sich als wohlwollende Partner zu gebärden.

Das liberale Skript hat in den Kolonien gegen seine eigenen Grundwerte verstoßen. An manchen Prämissen des Liberalismus scheint etwas zu haften, das sie kippen lassen kann – in das Gegenteil dessen, was sie eigentlich meinten. Mit ihrer viel zitierten „Dialektik der Aufklärung" wollten Adorno und Horkheimer zeigen, dass die nach Auschwitz rollenden Züge keinen Bruch mit der aufgeklärten Zivilisation, sondern ihre logische Folge bedeuteten.[58]

Der Totalitarismus sei tief in den Code der auf Beherrschung von innerer und äußerer Natur angelegten Aufklärung einprogrammiert. Die Aufklärung will mythische Weltbilder ablösen, doch schlage in Form eines naiven Szientismus letztlich selbst „in einen Mythos zurück". Zugleich bedingt die „Entzauberung der Welt" auch die Sehnsucht nach genuin mythischem Denken, die Rationalität gebiert als ihren Gegensatz romantisch-verschwörungsideologisches Geschwurbel. In „Zur Kritik der instrumentellen Vernunft" argumentierte Horkheimer in ähnlicher Weise. Die Aufklärung als kalte Rationalität habe sich von ihrem Anspruch gelöst, das Individuum von seinen Fesseln zu befreien. Menschen und Natur werden berechenbar gemacht, vermessen, verwaltet, verwertet, vernutzt.[59] Dagegen gelte es, die Ursprungsidee einer befreiten Menschheit wiederzubeleben.

Man muss dieser überaus düsteren Betrachtung nicht in jeder Einzelheit folgen, um anzuerkennen, dass die westlichen Gesellschaften statt dem kantischen Prinzip einer moralischen Vernunft einen instrumentellen Verstand walten ließen – und die Aufklärung mit Aufklärungsideen verrieten. Die Freiheit, so der hermeneutische Spin liberaler, männlicher, weißer Besitzbürger, sei eine Qualität, für die man eine gewisse Reife brauche. Was Unterdrückung und „Moderne-Export" nicht nur legitimiere, sondern notwendig mache – eine Argumentation, die auch in den Begründungen der jüngeren US-geführten Kriege widerhallte.

Diese Hybris verzahnt sich mit dem traurigen Befund, dass der hiesige Wohlstand auf Ausbeutung gründet. Das geschieht heute deutlich subtiler als früher. Dennoch: Die vom „Globalen Norden" dominierte Weltwirtschaftsordnung hat viele Entwicklungsländer übervorteilt; erschwert etwa den Aufbau lokaler Industrien. Zahlreiche Volkswirtschaften des Südens fristen so immer noch das subalterne Dasein eines Rohstofflieferanten für die reicheren Nationen, ihr Wohlstand hängt vom Schwanken der Weltmarktpreise ab. Da scheinen Xi und seine Seidenstraße plötzlich attraktiv. Wenn die liberalen Demokratien des Westens nicht wollen, dass die aktuelle Wirtschaftsordnung langfristig vom aufstrebenden China dominiert wird, sollten sie den Ländern des Globalen Südens endlich gerechtere Lösungen anbieten, nicht versuchen, ihr System mit Gewalt zu exportieren, und sich demütig der eigenen Kolonialgeschichte stellen.

Und doch dürfen Demut und Selbstkritik des Westens nicht zu einer radikalen Selbstzerfleischung führen. Diese stärkt ebenfalls den Autoritarismus, den Xismus, Putinismus, Islamismus,

Faschismus. Es scheint paradox: Der Westen muss unmissverständlich bekennen, dass im Namen des vermeintlichen Universalismus schlimmste Verbrechen begangen worden sind, dass die „Menschenrechte" sich als solche proklamierten, aber nur für weiße Besitzbürger galten. Wenn ein Thomas Jefferson von Freiheit schwadronierte, als Pflanzer aber gleichzeitig Sklaven besaß, ist dieser Widerspruch kaum zu ertragen.

Und doch muss die universalistische Idee, dass Menschen sich als Freie und Gleiche begegnen, auch weiter den utopischen Fluchtpunkt bezeichnen – so viel Missbrauch mit ihr auch getrieben worden ist. Zwar waren Freiheit- und Gleichheitsideen elitär und konterkarierten ihre eigenen Maximen. Trotzdem haben zahlreiche unterdrückte Menschen mithilfe der Ideen von Liberalismus und Sozialismus ihre Freiheit erstritten – gegen das real-liberale Modell.

Und Menschen beziehen sich auch heute darauf, um gegen den Autoritarismus zu kämpfen. Die Mahsa Aminis und Liu Xiaobos als vom Westen gebrainwashte „Tokens" zu geißeln und ihnen die Solidarität zu verweigern ist an Dummheit und Zynismus kaum zu überbieten. Zumal das zivilisatorische Modell des Individuums zwar in der Aufklärung stark gemacht wird, doch auch in anderen Kulturen eine Grundlage hat;[60] wie auch die Vorstellung von Demokratie. Diese Ideen als „eurozentrisch" abzutun ist unsolidarisch, politisch gefährlich und außerdem historisch uninformiert. Der chinesische Dissident Liu Xiaobo und seine Mitstreitenden beschreiben in ihrer „Charta 08" die Halbherzigkeit einer Modernisierung, die sich auf das technische Moment konzentriert, ohne die Befreiung des Menschen zu betreiben:

> „Nachdem es eine lange Zeit der Menschenrechtsverletzungen und einen schweren, leidvollen Kampf durchgemacht hat, ist das chinesische Volk erwacht und erkennt täglich klarer, dass

> Freiheit, Gleichheit und Menschenrechte universelle Werte der Menschheit sind und dass Demokratie, republikanische Staatsform und konstitutionelle Regierung das Grundgerüst moderner Politik bilden. Eine ‚Modernisierung', die sich von diesen universellen Werten und diesem Grundgerüst entfernt, ist ein katastrophaler Prozess, der die Menschen beraubt, ihren Charakter korrumpiert und ihre Würde zerstört."[61]

So plausibel der Kulturrelativismus erscheint, wenn man der Verbrechen des Westens gedenkt, ist er moralisch und politisch fatal, da er Verschiedenheiten essenzialisiert. Edward Saids Konzept des Orientalismus mag ja gerechtfertigt sein, um zu zeigen, wie sich das okzidentale Subjekt den Orientalen als „Anderen" erfand, um sich selbst im Kontrast zu diesem Pappkameraden seine eigene Zivilisiertheit vorzulügen. Auch ist es weiterhin geboten, orientalisierende, rassistische Zerrbilder zu dekonstruieren.

Die vulgär-orientalistische Betrachtung aber formt ihren eigenen Orientalismus, behauptet die unendliche Andersheit der Anderen, die jenseits einer postkolonialen Perspektive niemals auf adäquate Weise gelesen und bloß rassistisch beschrieben werden kann. Eben diese Lesart nutzt die KPCh, nutzen die Konservativen in Moskau, nutzen die Mullahs in Teheran aus, um etwa die Forderung nach Menschenrechten als westlich-rassistische Anmaßung zu geißeln. So immunisieren sich die Henker und Mörder gegen eine unbedingt gebotene Kritik.

Es ist richtig, auf koloniale Kontinuitäten, auf Ausbeutung und auf Rassismus hinzuweisen, die immer noch auf strukturelle Weise persistieren. Die vermeintliche Ideologiekritik aber, die die postkoloniale Linke heute bemüht, ist ihrerseits ideologisch erstarrt. Eine Denkweise, die den bösen Norden gegen den grundguten Süden profiliert, sekundiert einem grausamen Autoritarismus. So können sich faschistoide Regime gegen den Imperialismus profilieren, sogar dann, wenn sie wie China, Russland und Iran ihrerseits imperialistisch operieren.

Wer der mörderischen Ideologie des Islamismus, seiner misogynen, antisemitischen Agenda die Weihe des „Progressiven" verleiht, hat sich selbst aus dem progressiven Lager verabschiedet. In der manichäischen Gut-gegen-Böse-Perspektive, mit der sehr viele postkolonial geschulte Linke auf den hochkomplexen Nahostkonflikt blicken, erscheint Israel ohne jede Ambivalenz als koloniales Siedlerprojekt – anstatt als Emanzipationsunternehmung, mit dem sich die verstreuten Diaspora-Juden nach fast 2000 Jahren Verfolgung und Vernichtung endlich eine Schutz- und Heimstätte schufen. Für Graustufen und polyperspektivische Betrachtung ist in diesem dürftigen Denken kein Platz. Dämonisierende, delegitimierende und mit doppelten Standards operierende „Kritik" an Israels Dasein als jüdischem Staat ist ein wesentliches Dogma dieser Ideologie. Antisemitismus ist kein bloßes Vorurteil, sondern eine Weltsicht, die dabei hilft, sich gegen die als Zumutung empfundenen Widersprüche moderner komplexer Gesellschaften zu wappnen. Immer geht es darum, die vermeintliche Natürlichkeit gegen die Zersetzung der Moderne zu behaupten.

„Der Jude" fungiert hier als die mit der Unordnung der Welt assoziierte Negativfolie der verloren gegangenen „gesunden" Gemeinschaft. Diese Ordnung kann die deutsche „Volksgemeinschaft" sein, wie im rechten Antisemitismus der Nazis. Sie kann als „Umma", als Gemeinschaft der Muslime, gedacht werden, wie im islamistischen Antisemitismus. Sie kann aber auch als ewig gerechte, naturverbundene Community von Menschen im idealisierten Globalen Süden gemalt werden, die sich gegen den mit Militarismus und Ausbeutung daherkommenden Globalen Norden behauptet – wie auf dem Gemälde „People's Justice" der indonesischen Künstlergruppe Taring Padi, das auf der documenta fifteen den klassischen Topos des Juden als dämonischem Bösewicht zeigte.

Der Übergang von einem manichäischen Framing, das Israel als „weißes" Kolonialprojekt verfemt, zu einer verschwörungsideologischen Lesart, die hinter Imperialismus und Kapitalismus grundsätzlich den Juden vermutet, ist fließend. Wo in der Moderne die brutale Zerstörung eines guten, urtümlichen Lebens gesehen wird, ist das Abstraktum „Jude" nicht weit. Das antiimperialistische Denken, das die Welt in Gutes und Böses sortiert, ist immer nah am strukturellen Antisemitismus. Wenn alle Ambivalenzen getilgt, Israelis als Schweine dehumanisiert und grausam mordende Hamas-Terroristen als subalterne Indigene verbucht werden, die einen gerechten Befreiungskampf führen, scheinen ihre Gräueltaten letztlich entschuldbar.[62] Linker Dogmatismus führt immer in die Irre.

Nicht zuletzt auch bei jenen Akteuren, für die die Identitätspolitik zu einem dogmatischen Selbstzweck erstarrt ist. Linke Identitätspolitik darf anders als rechte nicht ontologisieren, weil sie sonst langfristig spalterisch wirkt. Ihr Essenzialismus ist strategischer Natur, man betont das Moment der Marginalisierung, um sich gegen strukturelle Herrschaft zu empowern, mit dem Fernziel einer gerechten Gesellschaft, in der es dereinst keine Rolle spielen möge, wie man aussieht, wie man heißt, wie man redet, wie man liebt. Sie ist ein dialektisches Übergangsmoment. Linke Identitätspolitik sollte ihre eigene Aufhebung anstreben, dafür kämpfen, dass sie ihrerseits überflüssig wird. Im Zeitalter der Singularitäten aber, im Verbund mit dem Ethos der Authentizität, scheint sie sich mittlerweile selbst zu genügen.

Amlinger und Nachtwey haben ja recht, wenn sie meinen, dass der alte Affe Universalismus heute oft von konservativen Akteuren, die ihre weißen Privilegien nicht sehen, gegen Identitätspolitik profiliert wird.[63] Wenn Universalismus nur das Recht des weißen Mannes meint, gilt es gegen Universalismus zu streiten.[64] Und doch ist das universalistische Projekt der Fluchtpunkt jeder progressiven Politik.

Eine wirklich emanzipatorische Linke müsste also nicht nur die Verteilungsfrage stellen und den wirtschaftsdemokratischen Umbau propagieren. Sie müsste auch den Universalismus wieder lernen, in einer reflektierten und behutsamen Form, ohne hegemoniale Allüre.

Wenn das progressive Lager diesen Turn nicht vollzieht, nicht „ja" sagt zur Idee eines freien Individuums und zur Idee des solidarischen Gemeinwesens, wenn sie hinter den Liberalismus zurück, anstatt über ihn hinaustreten möchte, wenn sie es nicht schafft, eine breite Bewegung jenseits esoterischer Bubbles zu formen, die mehr um ihr eigenes Rechthaben bemüht sind als darum, für gerechte Verhältnisse zu kämpfen, eine Bewegung, die den progressiven Wandel von der Straße in Parteien und Parlamente befördert, wenn sie den größten ihrer vielen blinden Flecken, den Antisemitismus, nicht ausgeleuchtet kriegt, wenn sie nicht zurückkehrt zum Universalismus, könnten die morbiden Phänomene unserer Zeit sich als eine Krankheit zum Tode erweisen. Denn es braucht eine starke und vereinigte Linke gegen die Internationale des Autoritarismus.

Die reale liberale Demokratie ist unvollständig und keineswegs gerecht. Weder sind Freiheit und Gleichheit politisch noch gesellschaftlich voll realisiert. Von soziökonomischer Gleichfreiheit ganz zu schweigen. Und doch ist die schlechte Demokratie unter den heutigen Systemen immer noch das Beste. Mit einem Buchtitel von Astra Taylor gesprochen: „Democracy May Not Exist, but We'll Miss It, When Its Gone".[65]

Die oben präsentierten regressiven Phänomene wenden sich in einer irrigen Weise gegen negative wie auch gegen positive Dinge, die der Liberalismus in die Welt gebracht hat. Sie reagieren auf Verwerfungen und auf Befreiung in einer das Menschliche zerstörenden Art. Man muss das liberale Skript verändern, um es zu bewahren. Das verirrte neoliberale Paradigma scheint aktuell an sein Ende zu kommen. Eine progressive Alternative scheint aber derzeit nirgendwo in Sicht. In seinen Gefängnisheften schreibt Antonio Gramsci:

> „Die Krise besteht gerade in der Tatsache, dass das Alte stirbt und das Neue nicht zur Welt kommen kann: in diesem Interregnum kommt es zu den unterschiedlichsten Krankheitserscheinungen."[66]

Symptome aber können sich auch chronifizieren. Der Faschismus muss kein Zwischenstadium sein. Wenn er sich als Paradigma verstetigt, wird die Welt in eine tiefe Dunkelheit stürzen. Man muss dafür kämpfen, dass es nicht dazu kommt.

Anmerkungen

Einleitung

1 Dieser Essay ist die Langfassung eines Manuskripts, das ich für die Reihe „Lange Nacht" im Deutschlandradio verfasst habe. Der Titel der Sendung lautet: „Angriff auf den Liberalismus. Eine Lange Nacht über die Krise der Demokratie." Die mehr als doppelt so lange Buchversion bietet dabei die Möglichkeit, diverse Aspekte, insbesondere historische Fragen, deutlich intensiver zu beleuchten. In der Radiofassung sind dafür O-Töne aus Interviews mit Lars Rensmann, Stephan Grigat, Gwendolyn Sasse, Klaus Mühlhahn, Rahel Jaeggi und Stefan Gosepath enthalten, die in der Buchfassung nicht vorkommen. Die Idee zu beiden Projekten entwickelte sich im Rahmen meines wissenschaftsjournalistischen Forschungs-Stipendiums beim Berliner Forschungscluster Contestations of the Liberal Script (SCRIPTS).

2 Stefan Zweig, Die Welt von Gestern. Erinnerungen eines Europäers, 40. Aufl., Frankfurt a.M. 2013, S. 16ff.

3 Vgl. etwa Andreas Reckwitz, Das Ende der Illusionen. Politik, Ökonomie und Kultur in der Spätmoderne, Berlin 2019.

4 Den Begriff Retrotopie hat Zygmunt Bauman eingeführt, vgl. ders., Retrotopia, Berlin 2017.

5 Theodor W. Adorno, Aspekte des neuen Rechtsradikalismus. Ein Vortrag, 3. Aufl., Berlin 2019, S. 18.

6 Vgl. hierzu u.a. Stephan Grigat, Kritik des Antisemitismus heute. Zur kritischen Theorie antijüdischer Projektionen, der Persistenz des Antizionismus und der aktuellen Gefahr des islamischen Antisemitismus, in: ders. (Hrsg.), Kritik des Antisemitismus in der Gegenwart, Baden-Baden 2023, S. 11–47.

7 Vgl. Christoph David Piorkowski, Im Zweifel gegen den Westen, in: Der Tagesspiegel, 3.2.2023, S. 12f.

I. Völkische Rechte

1 Sogenannte „Unvereinbarkeitslisten“ sind sowieso spätestens dann Makulatur, wenn das eine und das andere sich kaum mehr unterscheiden. – Zum Thema eines faschisierten Konservatismus, der seine ethischen Standards über Bord geworfen hat, vgl. Natascha Strobl, Radikalisierter Konservatismus. Eine Analyse, Berlin 2021.

2 Vgl. Geheimplan gegen Deutschland, in: Correctiv. Recherchen für die Gesellschaft, 10. 1. 2024, https://correctiv.org/aktuelles/neue-rechte/2024/01/10/geheimplan-remigration-vertreibung-afd-rechtsextreme-november-treffen/. – Alle Weblinks in diesem Band wurden zuletzt Anfang Juni 2024 aufgerufen und geprüft.

3 Joseph Goebbels, Was wollen wir im Reichstag? (30. 4. 1928), in: ders., Der Angriff. Aufsätze aus der Kampfzeit, München 1935, S. 71, 73, https://archive.org/details/DerAngriff-AufsaetzeAusDerKampfzeit/page/n71/mode/2up?view=theater.

4 Vgl. Jan-Werner Müller, Was ist Populismus? Ein Essay, 6. Aufl., Berlin 2020.

5 Vgl. die Ausführungen von Lars Rensmann in: Christoph David Piorkowski, Angriff auf den Liberalismus. Eine Lange Nacht über die Krise der Demokratie, Deutschlandfunk Kultur, Lange Nacht vom 8./9. Juni 2024, https://www.deutschlandfunkkultur.de/lange-nacht-demokratie-in-der-krise-angriff-auf-den-liberalismus-dlf-kultur-2298f300-100.html.

6 Vgl. Müller, Was ist Populismus, S. 44.

7 Offensichtlich existieren mit Benjamin Netanjahu in Israel und Narendra Modi in Indien auch Vertreter eines autoritären Populismus mit jüdischem bzw. hinduistischem Überbau. Der islamistisch imprägnierte autoritäre Rechtspopulismus Recep Tayyip Erdoğans wird im zweiten Kapitel noch Thema sein.

8 Cristóbal Kaltwasser, The Ambivalence of Populism. Threat and Corrective for Democracy, in: Democratization 19 (2012) 2, S. 184–208; vgl. hierzu Christoph David Piorkowski, Demokratien im Kreuzfeuer. Das Lied vom guten Volk und den bösen Eliten, in: Der Tagesspiegel, 13. 1. 2023, S. 12 f.

9 Steven Levitsky/Daniel Ziblatt, Wie Demokratien sterben: Und was wir dagegen tun können, 3. Aufl., München 2018, S. 17. Für eine differenzierte Betrachtung zum Niedergang verschiedener Demokratien in historischer Perspektive vgl. den Sammelband von Christoph Nonn

(Hrsg.), Wie Demokratien enden. Von Athen bis zu Putins Russland, Paderborn 2020.

10 Zum Autoritären Populismus an der Macht vgl. auch Müller, Was ist Populismus?, S. 67–90.

11 Zur rechtspopulistischen Verfassung in Ungarn vgl. etwa Renáta Uitz, Can you tell when an illiberal democracy is in the making? An appeal to comparative constitutional scholarship from Hungary, in: International Journal of constitutional Law 13 (2015) 1, S. 279–300.

12 Zum Populismus als „Chamäleon" vgl. Karin Priester, Rechter und linker Populismus, Annäherung an ein Chamäleon, Frankfurt a.M./New York 2012.

13 Zur Mobilisierung etwa der AfD über Identitätsfragen vgl. u.a. Johannes Hillje, It's the identity, stupid! Wie sich der anhaltende Erfolg der AfD erklären lässt, in: Blätter für Deutsche und internationale Politik 67 (2022) 12, S. 83–88; ders., Das „Wir" der AfD, Kommunikation und kollektive Identität im Rechtspopulismus, Frankfurt a.M./New York 2022.

14 Vgl. Leo Löwenthal, Falsche Propheten. Studien zur faschistischen Agitation, Berlin 2021, S. 225.

15 Adorno argumentiert, die Propaganda sei die Substanz rechtsradikaler Politik, die sich stets von Weltuntergangsfantasien ernähre. Vgl. Adorno, Aspekte, S. 19f.

16 Vgl. Wilhelm Heitmeyer, Autoritärer Nationalradikalismus, in: Kolja Möller (Hrsg.), Populismus. Ein Reader, Berlin 2022, S. 300–328, S. 314–316.

17 Vgl. Karin Priester, Wesensmerkmale des Populismus, in Möller (Hrsg.), Populismus, S. 202–215, S. 208.

18 Ministerpräsident Viktor Orbáns Rede zur Lage der Nation (18.2.2018), https://2015-2022.miniszterelnok.hu/ministerprasident-viktor-orbans-rede-zur-lage-der-nation-2/.

19 In Polen sind es aus historischen Gründen auch „die Deutschen" zusammen mit der Europäischen Union, die die PiS-Partei als mächtigen Gegner vermeint.

20 In landläufiger Vorstellung gilt der autoritäre Rechtspopulismus oft als eine Art „Rechtsextremismus light". Abgesehen davon, dass der Extremismus-Begriff als Klassifizierungsinstrument insofern problematisch ist, als er zuvörderst eine relationale Kategorie darstellt und das Verhältnis eines Polit-Typs zur grundgesetzlichen Ordnung beschreibt, halte ich es für sinnvoller, im Begriff des autoritären Rechtspopulismus

selbst eine Spannbreite an Positionen vom National-Konservatismus bis hin zum völkisch-nationalen Faschismus zu verorten (vgl. hierzu auch Susanne Rippl/Christian Seipel, Rechtspopulismus und Rechtsextremismus. Erscheinung, Erklärung, empirische Ergebnisse, Stuttgart 2022, S. 10–24.). Der Terminus „Autoritärer Rechtspopulismus" bezeichnet in meinem Verständnis die zeitgenössische Verfasstheit der meisten politischen Parteien jenseits des klassischen Mitte-Rechts-Blocks und klassifiziert Akteure, die sich durch „Antielitismus", Antipluralismus und einen ethnisch exklusiven Nationalismus auszeichnen. Sowohl diese Items als auch weitere Essentials des klassischen Rechtsextremismus wie expliziter Rassismus, Antisemitismus, Misogynie, autoritäre Staatsvorstellungen, Volksgemeinschaftsdenken, ostentative Ablehnung der Demokratie und ihrer Institutionen, Führer- und Gewaltkult oder Verharmlosung/Verherrlichung der NS-Geschichte können unterschiedlich stark ausgeprägt sein. Der Extremismus-Grad ist also variabel. Demnach kann man autoritär-rechtspopulistisch und zugleich „nur" national-konservativ sein wie Marine Le Pen oder Hans-Georg Maaßen. Man kann aber auch autoritär-rechtspopulistisch und zugleich ein völkisch-nationaler Faschist sein wie Björn Höcke. Die Übergänge sind fließend. Jedenfalls hört man nicht auf, autoritär-rechtspopulistisch zu sein, wenn man bereits rechtsextrem ist. Weitere Begriffe einzuführen, wie Wilhelm Heitmeyer es mit der Wortschöpfung „autoritärer Nationalradikalismus" tut, um Parteien wie die AfD zu bezeichnen, die „mehr" seien als einfache Rechtspopulisten, aber „weniger" als klassische Rechtsextremisten, scheint mir eher Verwirrung als Klarheit zu erzeugen (vgl. Heitmeyer, Autoritärer Nationalradikalismus). Ein Begriff wie „Radikalisierter Konservatismus" eignet sich hingegen gut, um das Phänomen des autoritären Rechtspopulismus innerhalb der klassischen Mitte-Rechts-Parteien zu untersuchen (vgl. Strobl, Radikalisierter Konservatismus).

21 Adorno, Aspekte, S. 41.

22 In den USA wird diese im Rechtspopulismus gebräuchliche Strategie als „Dog Whistle Policy" bezeichnet.

23 Vgl. Volker Weiß, Die autoritäre Revolte. Die Neue Rechte und der Untergang des Abendlandes, Stuttgart 2017, S. 91 f.

24 Vgl. ebenda, S. 54–57. Für jüngere Perspektiven auf internationale Aspekte der Neuen Rechten vgl. den Sammelband von Stefan Garsztecki/Thomas Laux/Marian Nebelin (Hrsg.), Brennpunkte der „Neuen" Rechten. Globale Entwicklungen und die Lage in Sachsen, Bielefeld 2024.

25 Rippl/Seipel, Rechtspopulismus, S. 30–33.

26 Die diskursive Verwirrung ist Programm. Auch heute machen neurechte „Intellektuelle" wie der IB-Aktivist Martin Sellner in ihrem Feldzug gegen den vermeintlichen „Schuldkult" der bundesdeutschen Erinnerungskultur dem postkolonialen Lager Avancen – ungeachtet dessen, dass sie People of Color niemals als Deutsche anerkennen würden. In der geschichtsrevisionistischen Behauptung, die Shoah sei ein Menschheitsverbrechen unter vielen, von anderen Genoziden kaum zu unterscheiden, befinden sich der neurechte Blog *Sezession* und manch postkoloniale Postille im Einklang. Vgl. Martin Sellner, Postkoloniale Angriffe auf den „Auschwitz-Mythos", 25. 5. 2021, https://sezession.de/64268/postkoloniale-angriffe-auf-den-auschwitz-mythos.

27 Zum Widerspruch von Ethnopluralismus und reichszentriertem Großraumdenken vgl. Weiß, Autoritäre Revolte, S. 191.

28 Zur neurechten Vorstellung von Biologie als Grundlage von Kultur vgl. etwa das Manifest von Guillaume Faye, Wofür wir kämpfen. Manifest des europäischen Widerstandes, o. O. 2006, S. 183.

29 Alexander Dobrindt, „Wir brauchen eine bürgerlich-konservative Wende", in: Die Welt, 4. 1. 2018, https://www.welt.de/debatte/kommentare/plus172133774/Warum-wir-nach-den-68ern-eine-buergerlich-konservative-Wende-brauchen.html.

30 Karlheinz Weißmann„ „Kriminelle Akte" (Interview), in: Junge Freiheit, 31. 8. 2001, https://jf-archiv.de/archiv01/361yy21.htm.

31 Schon der Vater der neurechten Bewegung in der frühen Bundesrepublik Deutschland, Armin Mohler, hatte im Rekurs auf seinen Lehrer Carl Schmitt eine derartige Feind-Differenzierung bemüht. Ihm galt nicht der Islam, der in den politischen Debatten der Nachkriegszeit keine Rolle spielte, als „wirklicher Feind", sondern die Sowjetunion. Diese indes könne zurückgeschlagen werden. Der „absolute Feind" aber war auch für Mohler der „westliche Universalismus", den man sich selbst „von den Knochen waschen" müsse. Vgl. Weiß, Autoritäre Revolte, S. 217.

32 Alain de Benoist im Gespräch mit Arne Schimmer: „Auf den Trümmern des bürgerlichen Individualismus", in: Hier & Jetzt 15 (2010), S. 26–35, S. 30 f.

33 Vgl. Weiß, Autoritäre Revolte, S. 211–221.

34 Vgl. ebenda, S. 263.

35 Martin Lichtmesz, Ich bin nicht Charlie (Teil 1), 10. 1. 2015, https://sezession.de/47864/ich-bin-nicht-charlie-teil-1.

36 Vgl. die Ausführungen von Lars Rensmann in: Piorkowski, Angriff auf den Liberalismus.

37 Adorno, Aspekte, S. 34.

38 Viktor Orbán auf einer Wahlkampfveranstaltung im Juni 2018, zit. nach Tagesschau Faktenfinder, https://www.tagesschau.de/faktenfinder/ungarn-eu-soros-101.html.

39 Vgl. Weiß, Autoritäre Revolte, S. 227.

40 Samuel Salzborn, Religionsverständnis im Rechtsextremismus. Eine Analyse am Beispiel des neurechten Theorieorgans Sezession, in: Martin Möllers/Robert von Ooyen (Hrsg.), Jahrbuch öffentliche Sicherheit 2014/15, S. 285–301, S. 297.

41 Klaus Holz, Die antisemitischen Konstruktion des Dritten und die nationale Ordnung der Welt, in: Christina von Braun/Eva Maria Ziege (Hrsg.), Das „bewegliche" Vorurteil. Aspekte des internationalen Antisemitismus, Würzburg 2004, S. 43–61.

42 Was der postkoloniale Geschichtsdiskurs ob seiner strukturellen Antisemitismusblindheit verkennt, ist, dass der Holocaust und die kolonialrassistischen Genozide aus besagten Gründen unterschiedlich motiviert sind. In den Kolonialprojekten stand die Ausbeutung im Vordergrund, Folter und Massenmord folgten auf dem Fuße. In der Shoah war die völlige Auslöschung der Juden hingegen ein Selbstzweck (die Ausbeutung kam noch hinzu). Im Zentrum der NS-Ideologie stand ein prophetisch-wahnhafter „Erlösungsantisemitismus" (Saul Friedländer), eine biologistische Verschwörungserzählung, mit der sich die Diskurse und Emotionsmuster des fast 2000 Jahre alten christlichen Antijudaismus in ein pseudowissenschaftliches Gewand hüllten. „Die Juden" galten hier als metaphysischer Feind, als Menschheitsgeißel, die es auszurotten gelte. Bis heute zielt Antisemitismus auf Vernichtung, auch in seiner geopolitischen Form, dem eliminatorischen Antizionismus.

43 Vgl. Grigat, Kritik, S. 12 f.

44 Diese Ordnung kann die deutsche „Volksgemeinschaft" sein, wie im Judenhass der Nazis und ihrer Epigonen. Sie kann auch als Gemeinschaft der Muslime gedacht werden, wie im islamistischen Antisemitismus. Nicht zuletzt kann das urtümliche Paradies auch als gerechte, naturverbundene und nachhaltige Community von Menschen im „globalen Süden" gemalt werden, die sich gegen den mit Militarismus, Ausbeutung und Naturzerstörung assoziierten „Norden" behauptet – wie auf dem Gemälde „People's Justice" des indonesischen Künstlerkollektivs Taring Padi, das auf der Documenta den klassischen Topos des Juden als dämonischen Bösewicht zeigte. Vgl. z. B. Steffen Klävers, Post-Kolonialismus und der Angriff auf die Shoah, in: RIAS Hessen, documenta fifteen, „Es

wurde eine dunkelrote Linie überschritten", 2. Aufl., Marburg 2023, S. 75–83, oder auch Ingo Elbe, Postkolonialismus und Antisemitismus. Einleitung zu einer Bibliographie postkolonialer und postmodern-antirassistischer Thematisierungen von Antisemitismus, Holocaust, Judentum und Zionismus, in: Grigat (Hrsg.), Kritik, S. 157–169, sowie ders., Antisemitismus und Postkoloniale Theorie. Der „progressive" Angriff auf Israel, Judentum und Holocausterinnerung, Berlin 2024.

45 Vgl. Weiß, Autoritäre Revolte, S. 221–227.

II. Islamismus

1 Vgl. Charta der Hamas von 1988 und 2017 im Wortlaut. Ins Deutsche übersetzt, https://www.kritiknetz.de/religionskritik/1030-die-chata-der-hamas-im-wortaut-ins-englische-uebersetzt.

2 Die Sunna ist die „Handlungsweise des Propheten" und nach dem Koran die zweite große Quelle islamischen Rechts.

3 Der Terminus Hadith (auch Hadithe im Plural) bezeichnet die Überlieferungen der Aussprüche und Handlungen Mohammeds sowie von Sätzen und Handlungen seiner Gefolgsleute, die vom Propheten befürwortet worden sein sollen. Über die Echtheit von Hadith-Sammlungen entspannen sich bereits im Mittelalter unter den islamischen Rechtsgelehrten kontroverse Debatten. Sechs Hadith-Sammlungen werden von allen vier sunnitischen Rechtsschulen als authentisch und somit verbindlich erachtet. Die Schiiten wiederum haben vier „kanonisierte" Bücher, in denen Aussprüche der zwölf Imame als den aus ihrer Sicht eigentlich rechtmäßigen Nachfolgern Mohammeds gesammelt wurden. Vgl. z.B. Heinz Halm, Der Islam. Geschichte und Gegenwart, 11., aktualisierte Aufl., Berlin 2018, S. 40–50.

4 Anzumerken ist, dass es (wenige) islamische Theologen gibt, die genau das versuchen, sich aber aus unterschiedlichen theologischen Gründen auch viel Kritik einhandeln. Der Reformtheologe Abdel-Hakim Ourghi etwa erachtet gar nur die „ethischen" Passagen der mekkanischen Suren, die transhistorische Wahrheiten eines toleranten Miteinanders verkündeten, für heilig und ewig gültig. Die „politischen" Passagen der medinischen Suren würden jede Menge zeithistorischen Ballast des 7. Jahrhunderts enthalten und seien für Handlungsanweisungen im Hinblick auf die Gegenwart ungeeignet. Vgl. Christoph David Piorkowski, In Gegenwart der Geschichte. Zeitfragen im Schlaglicht, Berlin 2023, S. 59–60.

5 Die Pauschal-Diagnose „Orientalismus“ des von Michel Foucaults Machtkritik beeinflussten postkolonialen Denkers Edward Said (vgl. Edward Said, Orientalism, London 2019) lässt sich hervorragend instrumentalisieren, um jede ideologiekritische Unternehmung als rassistisch zu diskreditieren. Auch jeder emanzipatorischen Religionskritik – eigentlich ein linker Klassiker –, die über die Probleme des Christentums hinaus etwa auch Missstände im Kontext einer fundamentalistischen Auslegung des Islams anspricht, kann so ein westlicher „Bias“ unterstellt werden. Hier soll nicht gesagt werden, dass es keine orientalisierenden Diskurse gibt. Derlei rassistische Wissensproduktion gibt es zuhauf. Aber nicht jede kritische Betrachtung oder überhaupt nur Aussage über Phänomene im „globalen Süden“ ist gleichsam notwendig orientalistisch.

6 In der Forschung umstritten ist die Anwendung des Fundamentalismus-Begriffs auf die diversen Gruppierungen des politischen Islam. Der Politikwissenschaftler Ruud Koopmans etwa verwendet vornehmlich den Begriff Fundamentalismus, um dem Umstand Rechnung zu tragen, dass sich ultrakonservative Muslime und Islamisten in der Praxis oft schwer unterscheiden lassen und nicht der Islamismus allein, sondern insgesamt ein strenges Islamverständnis problematisch sei, vgl. Ruud Koopmans, Das verfallene Haus des Islam. Die religiösen Ursachen von Unfreiheit, Stagnation und Gewalt, München 2020, S. 34–41. Manche Islamwissenschaftler erklären dagegen, dass der Begriff Fundamentalismus auf viele islamistische Strömungen nicht zutreffe, zum Beispiel weil diese keineswegs immer „buchstabengläubig“ seien und den Schriftkanon in ihrer Exegese erkennbar selektiv gebrauchen würden, vgl. Tilman Seidensticker, Islamismus. Geschichte, Vordenker, Organisationen, 4. durchges. und aktualisierte Aufl., München 2016, S. 9–14.

7 Vgl. Seidensticker, Islamismus, S. 16 f.

8 Vgl. Fethi Benslama, Der Übermuslim. Was junge Menschen zur Radikalisierung treibt, Berlin 2017, S. 61–82.

9 Fethi Benslama, Psychoanalyse des Islam, Berlin 2017, S. 19.

10 Ebenda, S. 18 f.

11 Vgl. Seidensticker, Islamismus, S. 49–57.

12 Vgl. Christina Schirrmacher, Islamismus. Wenn Religion zur Politik wird, Holzgerlingen 2010.

13 Vgl. Wilfried Röhrich, Die Politisierung des Islam. Islamismus und Dschihadismus, Wiesbaden 2015.

14 Vgl. Seidensticker, Islamismus, S. 53–55.

15 Sayyid Qutb, Zeichen auf dem Weg (*maʿālim fī ṭ-ṭarīq*), zit. nach Schirrmacher, Islamismus, S. 51.

16 Vgl. Seidensticker, Islamismus, S. 109.

17 Vgl. Koopmans, Das verfallene Haus, S. 167–199.

18 Vgl. Timur Kuran, The Long Divergence: How Islamic Law Held Back the Middle East, Princeton 2015.

19 Jared Rubin, Rulers, Religion, and Riches: Why the West Got Rich and the Middle East Did Not, Cambridge 2017, S. 49–54

20 Vgl. Koopmans, Das verfallene Haus, S. 170–175. Koopmans argumentiert, dass die im Islam gegenüber dem Christentum stärkere Verzahnung von Staat und Religion mit den unterschiedlichen Entstehungsgeschichten der beiden Monotheismen zu erklären sei. Während das Christentum sich bis zum Beginn des 4. Jahrhunderts in einer feindlichen Umgebung entwickelte, in der es wichtig war, sich mit den heidnischen Regierungen gutzustellen, entwickelte sich der Islam schon zu Lebzeiten Mohammeds zur Staatsreligion eines entstehenden Weltreiches. Im Christentum habe sich die Idee einer Trennung in „zwei Reiche" (also weltliche und göttliche Hemisphäre) entwickelt, während im Islam zwischen beiden Bereichen nicht explizit getrennt wurde. Auch wenn das in der Theorie richtig ist, ließe sich anmerken, dass die christliche Kirche in der Praxis sehr wohl Einfluss auf weltliche Herrscher nahm. Im Islam wiederum konnte sich die bis heute wichtigste Institution der Jurisprudenz – die ʿUlamāʾ – überhaupt nur deshalb etablieren, weil sich die Einheit von weltlicher und geistiger Macht in den Händen des Kalifen als Prophetennachfolger nur unzureichend realisieren ließ. Der Kalif war eben oft vor allem ein weltlicher Herrscher. Auf die spätere Institution des Sultanats traf dies sogar explizit zu. Auch im Islam gab und gibt es also komplexe Anerkennungs- und Spannungsverhältnisse zwischen geistigen und weltlichen Machtzentren. Die totale Auflösung des Politischen im Religiösen und mithin dessen Verabsolutierung – also der Traum des Islamismus – ist in der islamischen Geschichte kaum je realisiert worden.

21 Abū l-Aʾlā Maudūdī, The Sick Nations of the Modern Age, Lahore 1966, S. 13, zit. nach William Montgomery Watt, Islamic Fundamentalism and Modernity, London 1989, S. 56.

22 Vgl. Benslama, Übermuslim, S. 63–67.

23 Vgl. Sayyid Qutb, Unser Kampf mit den Juden (Maʾrakatuna maʾa al-yahud) von 1950, zit. nach Klaus Holz/Thomas Haury, Antisemitismus gegen Israel, Hamburg 2021, S. 179–196.

24 Vgl. Abdel-Hakim Ourghi, Die Juden im Koran. Ein Zerrbild mit fatalen Folgen, München 2023.

25 Vgl. Matthias Küntzel, Islamischer Antisemitismus. Kennzeichen, Ursprünge, Folgen, in: Grigat (Hrsg.), Kritik, S. 79–101.

26 Dass die Juden in der islamischen Welt auch sehr schwere Zeiten erlebt haben, erörtert unter anderem der Historiker Georges Bensoussan, Die Juden der arabischen Welt. Die verbotene Frage, Leipzig 2019.

27 Vgl. Piorkowski, In Gegenwart, S. 59 f.

28 Vgl. Jeffrey Herf, Nazi Propaganda for the Arab World, New Haven 2009.

29 Heinrich Himmler, Brief an den Großmufti von Jerusalem, Amin al-Husseini, zit. nach Michael Kiefer, Antisemitismus in den islamischen Gesellschaften. Der Palästina-Konflikt und der Transfer eines Feindbildes, Düsseldorf 2002, S. 78.

30 Vgl. Matthias Küntzel, Nazis und der Nahe Osten. Wie der islamische Antisemitismus entstand, Leipzig 2019, und Grigat, Kritik, S. 11–47.

31 Vgl. Holz/Haury, Antisemitismus gegen Israel, S. 179–183.

32 So gibt es unter konservativen und rechten Intellektuellen eine ausgeprägte antisemitisch aufgeladene Technophobie, etwa bei Martin Heidegger, der das „Gestell" der Technik verabscheut und die technische Moderne als jüdische „Machenschaft" versteht. Ungeheuerlich dabei ist, dass Heidegger die Shoah in den „Schwarzen Heften" als „Selbstvernichtung" der Juden konzipiert. Als Betreiber der „Machenschaft" würden sie auf dem Zenit des technischen Zeitalters von ihrer eigenen Schöpfung „verzehrt", vgl. dazu ausführlich Donatella Di Cesare, Heidegger, die Juden, die Shoah, Frankfurt a. M. 2016. Auch neigen die meisten rechten Akteure zu einer ausgeprägten Wissenschaftsfeindlichkeit, ferner zu einer „kritischen" Einstellung gegenüber der sogenannten Schulmedizin. So existiert seit dem 19. Jahrhundert bis in die Gegenwart eine völkisch-antisemitische „Impfkritik". Ende des 19. und Anfang des 20. Jahrhunderts wurde das Impfen in esoterischen und rechtsgerichteten Kreisen oft als ein die natürliche Ordnung aushebelnder Trick von „biologisch schwachen Juden" desavouiert, mit der sich diese an die Macht bringen wollten. Zugleich galt die Impfung in lebensreformerischen und alternativmedizinischen Kreisen als eine Praxis, mit der „die Juden" versuchten, einen als rein und einheitlich imaginierten „Volkskörper" zu vergiften – Diskurse, die bis in die Gegenwart nachhallen, vgl. hierzu die Ausführungen des Medizinhistorikers Matthias Berek in: Piorkowski, In Gegenwart, S. 18–23. Gleichzeitig sind insbesondere die heutigen Rechten stark technologieaffin und verstehen sich hervorragend auf die taktische Nutzung digitaler Medien.

33 Vgl. Marc Thörner, Rechtspopulismus und Dschihad. Berichte von einer unheimlichen Allianz, Hamburg 2021, S. 5–7.
34 Vgl. Weiß, Autoritäre Revolte, S. 222f.
35 Ernst Nolte, Die dritte radikale Widerstandsbewegung. Der Islamismus, Berlin 2009, S. 145.
36 Vgl. Seidensticker, Islamismus, S. 49–57.
37 Vgl. Qutb, Unser Kampf, S. 179–196.
38 Ebenda, S. 184.
39 Vgl. Charta der Hamas, https://www.kritiknetz.de/religionskritik/1030-die-chata-der-hamas-im-wortaut-ins-englische-uebersetzt.
40 Aufschlussreich ist in diesem Kontext auch die iranische Propagandaserie „Zahrahs blaue Augen", in der ein israelischer General einem palästinensischen Mädchen die Augen entfernt, um sie seinem blinden Sohn Theodor (sic!) zu implantieren, vgl. Holz/Haury, Antisemitismus, S. 184.
41 Vgl. Kiefer, Antisemitismus in den islamischen Gesellschaften, S. 130.
42 Die „türkisch-islamische Synthese" bezeichnet ein politisch rechtsradikales und zugleich islamisch-konservatives Ideologem, das türkischen Nationalismus und Islam miteinander verbindet und zum Beispiel bei den „Grauen Wölfen" Verwendung findet, vgl. Kemal Bozay, Graue Wölfe – die größte rechtsextreme Organisation in Deutschland, https://www.bpb.de/themen/rechtsextremismus/dossier-rechtsextremismus/260333/graue-woelfe-die-groesste-rechtsextreme-organisation-in-deutschland/.
43 Wie dargestellt, war der moderne Antisemitismus in der Region bereits vor der Staatsgründung Israels verwurzelt und ist nicht bloß Folge, sondern auch Ursache des Nahostkonfliktes. Die Juden wurden mitunter nicht nur als westliche Kolonialisten, sondern in verschwörungsideologischer Manier als Hintermänner des Kolonialismus insgesamt bezeichnet. Festzuhalten bleibt, dass der Mehrheitszionismus, obgleich er den westlichen Kolonialismus als Trittbrett für sein Staatsgründungsprojekt benutzt hat, selbst keine kolonialistische Bewegung darstellt. Es ging ihm nicht um Ausbeutung fremder Völker, sondern darum, den Juden einen Schutzort vor der andauernden Verfolgung in Europa zu schaffen.
44 Vgl. Seidensticker, Islamismus, S. 70–76.
45 Die Muslimbrüder kontrollieren zahlreiche religiöse, politische, soziale, kulturelle und pädagogische Institutionen auf der ganzen Welt, vgl. z.B. Boualem Sansal, Allahs Narren. Wie der Islamismus die Welt erobert. Ein Essay zur Sache, 8., ergänzte Aufl., Gifkendorf 2022, S. 106–109.
46 Vgl. Seidensticker, Islamismus, S. 26.
47 Vgl. ebenda, S. 17–23.

48 Vgl. ebenda, S. 24–28.

49 Vgl. ebenda, S. 24.

50 Vgl. Armin Pfahl-Traughber, Salafismus – was ist das überhaupt? Definitionen – Ideologiemerkmale – Typologisierungen, https://www.bpb.de/themen/infodienst/211830/salafismus-was-ist-das-ueberhaupt/.

51 Vgl. Halm, Islam, S. 47–50.

52 Vgl. hierzu die Ausführungen des Islamwissenschaftlers Rainer Brunner im Artikel von Christoph David Piorkowski, Sunniten und Schiiten. Das islamische Schisma, in: Der Tagesspiegel, 15. 12. 2016, https://www.tagesspiegel.de/wissen/das-islamische-schisma-3792847.html.

53 Die Schlacht von Kerbela im Jahr 680 n. Chr. zwischen den Anhängern Alis und den Truppen des Ummayaden-Kalifen Yazid I, in der der Prophetenenkel Hussein, so die Erzählung, von Teilen seiner Gefolgschaft verraten wurde und letztlich ums Leben kam, ist einer der Urgründe des bis heute andauernden sunnitisch-schiitischen Konflikts.

54 Vgl. Olivier Roy/Antoine Sfeir (Hrsg.), The Columbia World Dictionary of Islamism, New York 2007, S. 235.

55 Dabei ist anzumerken, dass der Iran nie einer direkten kolonialen Herrschaft ausgesetzt war. Lange Zeit aber übten Briten und Russen einen maßgeblichen Einfluss im Land aus. Das autoritäre Schah-Regime galt indessen nicht zu Unrecht als Marionettenregierung der USA.

56 Für eine umfassende Analyse des Jahres 1979 und seiner Folgen für den globalen Islamismus vgl. Oliver M. Piecha, Aufstieg und Niedergang des politischen Islam, in: Fatma Keser/David Schmidt/Andreas Stahl (Hrsg.), Gesichter des politischen Islam, Berlin 2023, S. 17–75.

57 Vgl. Gilles Kepel, Chaos. Die Krisen in Nordafrika und im Nahen Osten verstehen, 4. Aufl., München 2019.

58 Vgl. Seidensticker, Islamismus, S. 57–65.

59 Piecha, Aufstieg, S. 17–75.

60 Vgl. neben der Darstellung von Piecha auch Koopmans, Das verfallene Haus, S. 23–34.

61 Der arabische Nationalismus hat freilich nicht aufgehört zu existieren. 1979 ist auch das Jahr, in dem dieser in seiner wohl finstersten Gestalt, in Person des irakischen Baathisten Saddam Hussein, reüssiert, der kurze Zeit später den ersten Golfkrieg gegen den Iran vom Zaun bricht. Oliver M. Piecha deutet die Herrschaft Saddams als Agonie des arabischen Nationalismus, vgl. Piecha, Aufstieg, S. 45–48. Eine der schrecklichsten Auseinandersetzungen zwischen einem sklerotisch gewordenen, sozialistisch-nationalistischen Regime und dem Islamismus als aufstrebender

Leitideologie fand in Algerien statt, das nach dem bereits blutigen Kolonialkrieg Anfang der 1990er-Jahre in einem etwa zehnjährigen Bürgerkrieg – der Décennie noire – versank. Auch der bis heute andauernde Streit zwischen Hamas und Fatah ist ein Konflikt zwischen islamistischen und tendenziell säkularen Akteuren.

62 Und bisweilen auch „übermuslimisiert", um es mit Fethi Benslama auszudrücken: Demnach wird nun vielen Muslimen eingeredet, sie müssten noch wesentlich „muslimischer" werden, als sie es bisher in ihrem Leben gewesen sind, vgl. Benslama, Übermuslim, S. 83. Nasser hatte noch verächtlich gespöttelt, dass die Muslimbrüder nicht einmal ihre eigenen Töchter zum Tragen von Kopftüchern überreden könnten. Aus einer einschlägigen Filmaufnahme wird deutlich, dass der Gedanke, alle Frauen könnten in der Öffentlichkeit Kopftücher tragen, für Nasser eine absurde Vorstellung war, vgl. Gamal Abdel Nasser, Laughing at Muslim Brotherhood hijab requirement in 1958 (subtitled), https://www.youtube.com/watch?v=_ZIqdrFeFBk. Ab den 1980er-Jahren kehrt das Kopftuch als sichtbarstes Signum einer neuen Frömmigkeit zurück.

63 Zum detaillierten Verständnis der geopolitischen Konfliktlage vgl. Kepel, Chaos.

64 Hasan al-Bannā bleibt in seiner Vorstellung eines idealen islamischen Staates überaus vage. Tilman Seidensticker urteilt, dass die Muslimbruderschaft nicht zuletzt deshalb eine immense Breitenwirkung entfalten konnte. Was im Ungefähren bleibt, eignet sich gut als Projektionsfläche. Qutb wird deutlicher, lässt aber ebenfalls Interpretationsspielraum. Ungeachtet seiner antiliberalen Grundhaltung fällt Qutbs Bemühen auf, Dinge, die ihm am Westen gefallen, auf islamische Einflüsse zurückzuführen, vgl. Seidensticker, Islamismus, S. 43–57. Zwar gibt es in allen islamistisch genannten Gruppierungen ein antiliberales Moment; zuweilen aber scheint die Frage wichtiger zu sein, ob sich eine bestimmte Praxis als „islamisch" definieren lässt, als die Frage, wie die Praxis konkret beschaffen ist.

65 Vgl. Halm, Islam, S. 77.

66 Vgl. Seidensticker, Islamismus, S. 76 f.

67 Fethi Benslama führt aus, dass der Generalsekretär der Ennahda und Anwärter auf das Amt des Premierministers gleich nach Verkündung des Wahlergebnisses vor seinen Gefolgsleuten verkündete, das „Reich des sechsten Kalifats" sei gekommen, ferner nichts unversucht ließ, die Scharia in die tunesische Verfassung einzuschreiben und die Gleichberechtigung von Mann und Frau zu unterminieren, vgl. Benslama, Übermuslim, S. 69.

68 Vgl. hierzu Danyal Casar, Der Muslimbruder als Nationalchauvinist. Zur Synthese von Islam und völkischer Ideologie in der Türkei, in: Keser/Schmidt/Stahl (Hrsg.), Gesichter des politischen Islam, S. 167–195.

69 Vgl. hierzu die detaillierte und materialreiche Darstellung von Koopmans, Das verfallene Haus. Man könnte freilich argumentieren, dass Frauen auch im real existierenden Liberalismus rechtlich und gesellschaftlich benachteiligt waren und teilweise immer noch sind. Ein Argument gegen diesen Einwand wäre, dass im Fall der Ungleichheit in einer liberalen Demokratie die Praxis hinter ihrem eigenen Ideal zurückbleibt, während in einer von der Scharia – in welcher der dominanten Auslegungen auch immer – angeleiteten Ordnung die Ungleichheit, respektive die Geschlechterdiskriminierung selbst das Geforderte ist.

70 Vgl. Seidensticker, Islamismus, S. 33 f.

71 Etwa mit Verweis auf das islamische Beratungskonzept Schūrā gehen Modernisten davon aus, dass sich Islam und Demokratie verbinden lassen. Ein gutes Beispiel für eine modernistische Exegese ist das Polygamie-Verbot, das sich ergebe, wenn man Sure 4 Vers 3 und Sure 4 Vers 129 zusammen lese, wobei eine Einzellektüre von Sure 4 Vers 3 den fälschlichen Eindruck erwecke, die Polygamie sei legitim, vgl. abermals das gute Überblickswerk von Seidensticker, Islamismus, S. 34.

III. Russischer Antiliberalismus

1 Vgl. Katharina Bluhm. Russland und der Westen. Ideologie, Ökonomie und Politik seit dem Ende der Sowjetunion, Berlin 2023, S. 30.

2 Um die Lesbarkeit zu erleichtern, verwende ich die einfache Transkription russischer Namen und Titel gemäß dem Duden.

3 Vgl. Andreas Kappeler, Russische Geschichte, 8., aktualisierte Aufl., München 2022.

4 Vgl. zur Allianz der russischen Liberalen um Boris Jelzin mit den nichtrussischen Separatisten und der Bedeutung dieses Bündnisses für das Ende der Sowjetunion Mark R. Beissinger, Nationalist Mobilization and the Collapse of the Soviet State, Cambridge 2002.

5 Vgl. Bluhm, Russland, S. 45.

6 Vgl. ebenda, S. 33–119.

7 Boris Jelzin, Auf des Messers Schneide, Tagebuch des Präsidenten, Berlin 1994, S. 194.

8 Vgl. Bluhm, Russland, S. 38.

9 Vgl. ebenda, S. 33–117, insbes. S. 86, sowie Peter Reddaway/Dmitri Glinski, The Tragedy of Russia's Reforms. Market Bolshevism against Democracy, Washington D. C. 2001, S. 416, 425 f.

10 Vgl. Bluhm, Russland, S. 38.

11 Katharina Bluhm weist nach, dass in der Verfassungskrise von 1993 auch ernsthaft diskutiert wurde, sich an einer offenen Reformdiktatur im Stile Augusto Pinochets zu orientieren, vgl. Bluhm, Russland, S. 63. Das Beispiel Pinochet zeigt einmal mehr, dass Wirtschaftsliberalismus und Demokratie keineswegs notwendig zusammengehören. Siehe dazu Näheres im letzten Kapitel dieses Essays zum „Liberalismus als sein eigenes Problem".

12 Leonid Wolkow, Putinland. Der imperiale Wahn, die russische Opposition und die Verblendung des Westens, München 2022, S. 19–30.

13 Die alte Nomenklatura nutze ihre privilegierte Position, um den staatlichen Besitz unter sich aufzuteilen, vgl. Sabine Fischer, Die chauvinistische Bedrohung. Russlands Kriege und Europas Antworten, Berlin 2023, S. 44. Zur Herausbildung der kleptokratischen Strukturen in Russland vgl. auch Karen Dawisha, Putin's Kleptocracy: Who Owns Russia?, New York 2015.

14 Der britische Historiker Mark Galeotti meint gar, die Wirtschaftskrise, die die Russen in den 1990er-Jahren ereilte, stelle die Große Depression im Amerika der 1930er-Jahre in den Schatten, vgl. Mark Galeotti, Die kürzeste Geschichte Russlands, 3. Aufl., Berlin 2023, S. 226.

15 Vgl. George Payne, Tagungsbericht: The tomb of the Soviet Union, or the womb of Putinism? The 1993 Russian constitutional crisis, 30 years after, in: H-Soz-Kult, 23. 1. 2024, https://www.hsozkult.de/conferencereport/id/fdkn-141267.

16 Vgl. Bluhm, Russland, S. 103–107.

17 Vgl. Gwendolyn Sasse, Der Krieg gegen die Ukraine. Hintergründe, Ereignisse, Folgen, München 2022, S. 60. Die russische Bevölkerung steht „dem Westen" dabei heute tendenziell skeptisch gegenüber. Nach einer Umfrage des Meinungsforschungsinstituts VCIOM von Ende August 2022 sah die Hälfte der Befragten in der „westlichen Zivilisation, Demokratie und Kultur" keinen Nutzen, ein Drittel meinte, sie passe nicht zu Russland, ein Viertel hielt sie gar für „zerstörerisch", vgl. die Ausführungen von Katharina Bluhm in: Piorkowski, In Gegenwart, S. 100–105.

18 Vgl. ebenda, S. 100–105.

19 Die wirtschaftlichen und militärischen Bündnispolitiken der westlichen Regierungen verstärkten das Gefühl, weltpolitisch im Abseits zu stehen – eine Haltung, die der Aufstieg Chinas noch verstärkte. So gilt zum Beispiel der Kosovokrieg, über den die Nato Russland nicht informiert hat, bis heute als Sinnbild westlicher Ignoranz gegenüber Russland. Vgl. die Ausführungen von Katharina Bluhm in: Piorkowski, In Gegenwart, S. 100–105.

20 Vgl. die Ausführungen von Gwendolyn Sasse in: Piorkowski, Angriff auf den Liberalismus.

21 Vgl. Bluhm, Russland, S. 121–227.

22 Vgl. Wolkow, Putinland, S. 31–40.

23 Vgl. ebenda, S. 33 f.

24 Vgl. Sasse, Der Krieg, S. 61. Gleichzeitig, meint Sasse, werden politische Fehler oder unliebsame Entscheidungen oft auf die regionale Ebene delegiert. So fungierten die lokalen Machthaber nicht selten als Blitzableiter für den aufgestauten Frust in der Bevölkerung.

25 Vgl. Wolkow, Putinland, S. 38 f.

26 Vgl. ebenda, S. 39.

27 Zum Verhältnis von „Verfassungs-" und „Verwaltungsstaat" vgl. abermals die wegweisende Studie von Bluhm, Russland, S. 339–356.

28 Boris Jelzin, Zur Autonomie der Staaten der Russischen Föderation, zit. nach: Uwe Halbach, Tschetscheniens Stellung in der Russischen Föderation. Ramsan Kadyrows Privatstaat und Wladimir Putins föderale Machtvertikale, Stiftung Wissenschaft und Politik (SWP-Studie), Berlin 2018, S. 6. Den Satz sagte Jelzin erstmals in Tatarstan am 6. August 1990 und wiederholte ihn später in Baschkortostan.

29 Gwendolyn Sasse sieht einen systematischen Zusammenhang zwischen der Demokratisierung der Ukraine und der Autokratisierung und Neo-Imperialisierung Russlands, besonders seit dem Euromaidan 2014. Die Ukraine als eigenes Gebilde zu vernichten sei für den Kreml auch deshalb so wichtig, weil sie als Vorbild funktionieren könnte. „Nichts fürchtet Putin so sehr wie einen ehemaligen Staat der Sowjetunion, der als liberale Demokratie reüssiert, insbesondere, wenn es sich um die zum kleinen Bruder verklärte Ukraine handelt", vgl. Sasses Ausführungen in: Piorkowski, Im Zweifel.

30 Rede des russischen Präsidenten Wladimir Putin auf der 43. Münchner „Sicherheitskonferenz" im Jahr 2007, in deutscher Übersetzung, zit. nach https://www.infosperber.ch/wp-content/uploads/2017/02/Putin-Muenchen-Rede-2007.pdf.

31 In den politischen Feuilletons der westlichen Demokratien sowie in den Geistes- und Sozialwissenschaften wird seit dem 24. Februar 2022 verstärkt nach einem Begriff gesucht, um das putinsche System exakt zu definieren. Hierbei wurde Russland auch des Öfteren als neuer Hort des Faschismus bezeichnet. Etwa von der Philosophin Eva von Redecker, Was ist Z-Faschismus? Die Philosophin Eva Redecker im Interview mit Moritz Rudolph, in: Deutschland Archiv, 30. 10. 2022, https://www.bpb.de/themen/deutschlandarchiv/513092/was-ist-z-faschismus/. Oder vom Historiker Timothy Snyder, Moskau ist zum Zentrum des Faschismus der Welt geworden, in: Der Tagesspiegel, 13. 4. 022, https://www.tagesspiegel.de/gesellschaft/ukraine-historiker-timothy-snyder-fur-putin-ist-die-deutsche-schuld-eine-ressource-452430.html. Zwar eignen dem putinschen System und der Staatsideologie in Russland unbestreitbar faschistische Züge. Aufgrund der Heterogenität der antiliberalen Bewegung in Russland und der ideologischen Einflüsse des Putin-Regimes, die dessen dezidierten Ideologie-Eklektizismus bedingen, halte ich es mit Katharina Bluhm jedoch für sinnvoller, den „weiteren" Terminus des illiberalen Konservatismus zu verwenden. Dieser Konservatismus stellt insofern eine Rückkehr zu seinen Wurzeln dar, als er die in der Nachkriegszeit ab 1945 entstandene Verbindung von Konservatismus und Liberalismus aufkündigt und zu jenem illiberalen Konservatismus regrediert, der in Europa in der Zwischenkriegszeit und insbesondere in der Weimarer Republik florierte. Jener antiliberale Konservatismus bereitete dem Faschismus und dem Nationalsozialismus (als konservativen *und* revolutionären Ideologien) den ideellen Boden, ist also nicht klar von diesen zu trennen. National-Konservatismus und völkischer Faschismus gehen nahtlos ineinander über. Zwischen ihnen gibt es graduelle Unterschiede, jedoch keine kategoriale Differenz. Vgl. hierzu auch die Ausführungen zum autoritären Rechtspopulismus, zur „Konservativen Revolution" und zur Genese und Ideologie der Neuen Rechten im ersten Kapitel dieses Bandes.

32 Vgl. Blum, Russland, S. 121–142.

33 Vgl. Fischer, Chauvinistische Bedrohung, S. 50.

34 Vgl. ebenda, S. 49 f.

35 Vgl. Bluhm, Russland, S. 126.

36 Vgl. ebenda, S. 142.

37 Vgl. ebenda, S. 142–144.

38 Vgl. ebenda, S. 158–163.

39 Vgl. ebenda, S. 190.

40 Vgl. die Ausführungen von Gwendolyn Sasse in: Piorkowski, Angriff auf den Liberalismus.

41 Vgl. Bluhm, Russland, S. 209–226.

42 Vgl. die Ausführungen von Alexander Libman in: Piorkowski, Im Zweifel.

43 Vgl. Fischer, Chauvinistische Bedrohung, S. 37–80.

44 Vgl. Kappeler, Russische Geschichte, S. 72–76.

45 Putins Ukraine-Rede im Wortlaut, in: Der Spiegel, 23.2.2024, https://www.spiegel.de/ausland/der-kremlchef-und-seine-drohungen-gegen-den-westen-putins-ukraine-rede-im-wortlaut-a-fab35f1d-3a2e-494c-af44-72798d2aa42c.

46 Vgl. die Ausführungen von Joachim von Puttkamer in: Piorkowski, In Gegenwart, S. 109.

47 Vgl. Kappeler, Russische Geschichte, S. 75 f.

48 Vgl. Sasse, Der Krieg, S. 16 f., 63–68

49 Vgl. die Ausführungen von Heidi-Hein-Kircher in: Piorkowski, In Gegenwart, S. 109. Zu Funktion und Wirkung politischer Mythen im Allgemeinen vgl. Herfried Münkler, Geschichtsmythen und Nationenbildung (Bundeszentrale für politische Bildung), https://www.bpb.de/shop/zeitschriften/apuz/30604/politische-mythen/ sowie Geschichtsmythen und Nationenbildung, https://www.bpb.de/themen/erinnerung/geschichte-und-erinnerung/39792/geschichtsmythen-und-nationen bildung/.

50 Vgl. die Ausführungen von Gwendolyn Sasse in: Piorkowski, Im Zweifel.

51 Vgl. die Ausführungen von Alexander Libman in: Piorkowski, Im Zweifel.

52 Viatcheslav Morozov, Russia's Postcolonial Identity: A Subaltern Empire in a Eurocentric World, Basingstoke 2015.

53 Vgl. Bluhm, Russland, S. 234.

54 Vgl. Weiß, Autoritäre Revolte, S. 206–211.

55 „Jeder Westler ist ein Rassist", Spiegel-Gespräch mit Alexander Dugin, in: Der Spiegel, 14.7.2014, S. 120–125, 121.

56 Vgl. Bluhm, Russland, S. 278.

57 Vgl. ebenda, S. 18.

58 Vgl. ebenda, S. 285–379.

59 Vgl. Hannah Arendt, Elemente und Ursprünge totaler Herrschaft. Antisemitismus, Imperialismus, totale Herrschaft, 20. Aufl., München 2017, S. 726–813.

IV. Chinesischer Parteistaatskapitalismus

1 Zur besseren Lesbarkeit verwende ich bei chinesischen Termini nicht die Pinyin-Umschrift, also die offizielle chinesische Romanisierung des Hochchinesischen, sondern die im Deutschen gängige Schreibweise.

2 Vgl. Christoph David Piorkowski, Das Zeitalter des Xi Jinping. Chinas Selbstbewusstsein fordert die Demokratien heraus, in: Der Tagesspiegel, 20. 1. 2023, https://www.tagesspiegel.de/wissen/das-zeitalter-des-xi-jinping-chinas-selbstbewusstsein-fordert-die-demokratien-heraus-9192942.html.

3 Vgl. Cornelius Dieckmann/Viktoria Bräuner, „Das ist Chinas Kampfansage an den Westen". Wie Xi Jinping an einer autoritären Weltordnung baut, in: Der Tagesspiegel, 18. 6. 2023, https://www.tagesspiegel.de/gesellschaft/das-ist-chinas-kampfansage-an-den-westen-wie-xi-jinping-an-einer-autoritaren-weltordnung-baut-9990052.html.

4 Vgl. hierzu etwa Clive Hamilton/Mareike Ohlberg, Die lautlose Eroberung. Wie China westliche Demokratien unterwandert und die Welt neu ordnet, München 2022 oder Janka Oertel, Ende der China-Illusion. Wie wir mit Pekings Machtanspruch umgehen müssen, München 2023.

5 Vgl. Kai Vogelsang, Kleine Geschichte Chinas, 3. Aufl., Stuttgart 2019.

6 Vgl. Philipp Mattheis, Die dreckige Seidenstraße. Wie Chinas Wirtschaftspolitik weltweit Staaten und Demokratien untergräbt, München 2023, S. 12f.

7 Vgl. Oertel, Ende, S. 239 sowie Elisabeth Schmidt, Grundsatzrede von Xi Jinping. Chinas Kampfansage an den Westen. Eine Analyse, in: ZDF Heute, 9. 2. 2023, https://www.zdf.de/nachrichten/politik/china-xi-grundsatzrede-100.html.

8 Völkische Rechte, Islamisten und russische Konservative wenden sich gegen jede Form von westlichem Universalismus, gegen beide zerstrittenen Geschwisterkinder der Aufklärung, den Liberalismus und den Sozialismus. Die chinesischen Parteiideologen wenden sich ebenfalls gegen „westlichen Universalismus", beziehen sich aber mit dem Marxismus zugleich auf ein ursprünglich aus dem Westen stammendes Geisteskonzept, das indessen „sinisiert" worden ist. Der chinesische Umgang mit den Ideengebäuden „des Westens" scheint insofern pragmatischer zu sein, als jener der anderen hier behandelten Autoritarismusformen.

9 Vgl. Mareike Ohlberg, Der „chinesische Traum", in: Informationen zur politischen Bildung Nr. 337, 2/2018: Volksrepublik China, S. 22.

10 Vgl. Klaus Mühlhahn, Geschichte des modernen China. Von der Qing-Dynastie bis zur Gegenwart, 2. Aufl., München 2022, S. 612.

11 Vgl. Matthias von Hein, Xi Jinping und der „Chinesische Traum", in: Deutsche Welle, 7.5.2018, https://www.dw.com/de/xi-jinping-und-der-chinesische-traum/a-43545156.

12 Xi Jinping über den „Sozialismus chinesischer Prägung", 29.11.2012, in deutscher Übersetzung zit. nach: Vogelsang, Kleine Geschichte, S. 418.

13 Vgl. Katharin Tai, „Vergesst niemals die nationale Erniedrigung", in: Zeit Online, 30.9.2019, https://www.zeit.de/politik/ausland/2019-09/china-nationalismus-kommunistische-partei-70-jahre-volksrepublik/komplettansicht; vgl. hierzu auch die Ausführungen von Genia Kostka und Klaus Mühlhahn in: Piorkowski, Das Zeitalter.

14 Hein, Xi Jinping.

15 Vgl. Mühlhahn, Geschichte, S. 101–122.

16 Vgl. Vogelsang, Kleine Geschichte, S. 285.

17 Vgl. ebenda, S. 281–288.

18 Vgl. ebenda, S. 294.

19 Vgl. Mühlhahn, Geschichte, S. 198–206.

20 Vgl. Vogelsang, Kleine Geschichte, S. 334–346.

21 Vgl. ebenda, S. 277.

22 Vgl. ebenda, S. 283 f.

23 Vgl. Mühlhahn, Geschichte, S. 207–224.

24 Vgl. Vogelsang, Kleine Geschichte, S. 296–311.

25 Vgl. Mühlhahn, Geschichte, S. 164–171.

26 Vgl. ebenda, S. 172–188.

27 Vgl. Helwig Schmidt-Glintzer, Das neue China. Vom Untergang des Kaiserreiches bis zu Gegenwart, 8., aktualisierte Aufl., München 2021, S. 14.

28 Aus dem Manifest von „Chinas revolutionärem Schwurbund", in deutscher Übersetzung zit. nach: Vogelsang, Kleine Geschichte, S. 309.

29 Die Volksrepublik betreibt eine „Ein-China-Politik" und will Taiwan nach China „zurückholen". Hier taucht nicht selten der Begriff „Ein Land, zwei Systeme" auf. Die Kuomintang hat sich ebenfalls als Vertreterin des ganzen China begriffen. Von diesem „innerchinesischen" Definitionsstreit abgesehen, fühlen sich viele Menschen in Taiwan nicht als Chinesen, sondern als Taiwaner, zumal jene, die bereits lange vor 1949 auf der Insel lebten, vgl. Lucie Liu/Claudia Bracholdt, Die vielleicht unwahrscheinlichste Demokratie der Welt, in: Zeit Online, 21.1.2024, https://www.zeit.de/politik/ausland/2024-01/taiwan-demokratie-china-liberalismus-geschichte.

30 Vgl. Vogelsang, Kleine Geschichte, S. 326.
31 Vgl. ebenda, S. 329–346.
32 Vgl. ebenda, S. 318.
33 Vgl. ebenda, S. 312.
34 Vgl. Hanns Günther Hilpert/Frédéric Krumbein/Volker Stanzel, Chinas gelenkte Erinnerung. Wie historische Ereignisse erinnert, glorifiziert, umgedeutet und verschwiegen werden, in: Stiftung Wissenschaft und Politik, SWP Aktuell A 70 (2019), 18.12.2019, https://www.swp-berlin.org/publikation/chinas-gelenkte-erinnerung.
35 Mareike Ohlberg, Chinesische Widerspruchslehre zur Festlegung der Handlungsprioritäten, in: Informationen zur politischen Bildung Nr. 337, (2018) 2: Volksrepublik China, S. 17.
36 Vgl. Daniel Leese, „Der Weg des Wiederaufstiegs" – Geschichte Chinas seit 1949, in: Informationen zur politischen Bildung Nr. 337, (2018) 2: Volksrepublik China, S. 8–12.
37 Mao Zedong, Rede vom 18. Mai 1958, übersetzt von Helmut Martin, zit. nach: Vogelsang, Kleine Geschichte, S. 358.
38 Vgl. Vogelsang, Kleine Geschichte, S. 358.
39 Vgl. Oertel, Ende, S. 40 f.
40 Vgl. Leese, Der Weg, S. 8–11.
41 Vgl. Oertel, Ende, S. 41.
42 Vgl. Roderick MacFarquhar/Michael Schoenhals, Mao's Last Revolution, Cambridge 2006.
43 Vgl. Vogelsang, Kleine Geschichte, S. 361–373.
44 Vgl. Leese, Der Weg, S. 8–11.
45 Vgl. ausführlich dazu Julia Lovell, Maoismus. Eine Weltgeschichte, Berlin 2023.
46 Die Kulturrevolution wurde und wird von späteren Führungen der KPCh zwar kritisch gesehen, Mao selbst aber wurde immer wieder diskursiv entlastet. Die Verantwortung wurde hauptsächlich der sogenannten Viererbande zugeschrieben, der unter anderem Maos Frau Jiang Qing angehörte. Die „Viererbande" hatte zwar tatsächlich großen Einfluss auf den Verlauf der Kulturrevolution, ihre Entscheidungen sind aber schwerlich von denen Maos zu trennen. Die Partei einigte sich darauf, Maos Entscheidungen seien zu 70 Prozent richtig und zu 30 Prozent falsch gewesen, vgl. Vogelsang, Kleine Geschichte, S. 387 f.
47 Diese wurde vom Ex-Rotgardisten Wei Jingsheng gefordert, der bald wegen „staatsschädigender Aktivitäten" und „Spionage" zu 15 Jahren Haft verurteilt wurde, vgl. Vogelsang, Kleine Geschichte, S. 382–387.

48 Vgl. Oertel, Ende, S. 43–45.

49 Chinas Gini-Koeffizient (ein Instrument, das im globalen Maßstab ungleiche Einkommensverteilung auf einer Skala von 0 bis 1 misst) betrug 2021 ungefähr 0,47 (USA: ca. 0,41, Deutschland 2018: 0,29). Die Ungleichheit in China ist damit stärker ausgeprägt als in den USA und deutlich höher als in Deutschland, vgl. Ulrich Post, China hat die Armut ausgerottet. Wirklich?, in: Welternährung. Das Fachjournal der Welthungerhilfe (2021) 4, https://www.welthungerhilfe.de/welternaehrung/rubriken/entwicklungspolitik-agenda-2030/china-erklaert-das-ende-der-armut.

50 Vgl. Mühlhahn, Geschichte, S. 532–571 sowie S. 629–643.

51 Vgl. Oertel, Ende, S. 44.

52 Vgl. Isabella M. Weber, Das Gespenst der Inflation. Wie China der Schocktherapie entkam, Berlin 2023.

53 Vgl. Mühlhahn, Geschichte, S. 624. Heute gibt es in China zwar eine immer größere und wohlhabendere Mittelschicht, aber auch ein Heer von etwa 200 Millionen Wanderarbeitern, die sich als unterprivilegierte Lumpenproletarier über Wasser halten müssen.

54 Vgl. Hans van Ess, Rolle der kulturellen Tradition, in: Informationen zur politischen Bildung Nr. 337, 2/2018: Volksrepublik China, S. 13–15.

55 Vgl. Vogelsang, Kleine Geschichte, S. 388.

56 So musste die Partei mit dem Umstand umgehen, dass es in China kein wirklich ausgeprägtes Industrieproletariat als revolutionäres Subjekt sui generis gab. Weshalb man sich ideologisch stärker auf die Bauern als Träger des Sozialismus kaprizierte, vgl. Mareike Ohlberg, Ideologie und die Suche nach Legitimität, in: Informationen zur politischen Bildung Nr. 337, 2/2018: Volksrepublik China, S. 16.

57 Vgl. Oskar Weggel, Geschichte Chinas im 20. Jahrhundert, Stuttgart 1989, S. 348.

58 So im Interview mit dem Autor zur Sendung „Angriff auf den Liberalismus. Eine Lange Nacht über die Krise der Demokratie“ bei Deutschlandfunk Kultur.

59 Vgl. Vogelsang, Kleine Geschichte, S. 388–396. Zuvor war schon der beim Volk beliebte Generalsekretär entmachtet worden.

60 Vgl. Ess, Rolle, S. 13–15.

61 Vgl. Mühlhahn, Geschichte, S. 658.

62 Yu Hua, China in Ten Words, New York 2012, S. 153, zit. nach: Mühlhahn, Geschichte, S. 657.

63 Vgl. Vogelsang, Kleine Geschichte, S. 405.

64 Vgl. Ess, Rolle, S. 14 f.
65 Mühlhahn, Geschichte, S. 665.
66 Tamara Anthony, Chinas Außenpolitik. Von Panda-Diplomatie zu „Wolfskriegern", in: Tagesschau Online, 3. 11. 2022, https://www.tagesschau.de/ausland/asien/china-diplomatie-101.html.
67 Seit der Verfassungsänderung 2018 kann Xi Staatspräsident auf Lebenszeit sein. Womöglich wäre das für seinen Herrschaftserhalt aber gar nicht nötig. Denn im Parteistaat der Volksrepublik sind auch informelle Machtstrukturen jenseits des offiziellen Protokolls von Belang. Deng etwa war der starke Mann in China, auch ohne Generalsekretär der KPCh zu sein.
68 Vgl. Vogelsang, Kleine Geschichte, S. 416.
69 Vgl. Oertel, Ende, S. 53–55.
70 Ein anderer Despot, der Chaos als Machttechnik verwendete, war Josef Stalin, an dem sich der frühe Mao teilweise orientiert hatte, vgl. Christian Teichmann, Macht der Unordnung. Stalins Herrschaft in Zentralasien 1920–1950, Hamburg 2016.
71 Vgl. Oertel, Ende, S. 56.
72 Chinesische Unternehmen sind schon seit Langem verpflichtet, Parteizellen einzurichten, aber erst seit Xi wird diese Forderung auch weitgehend umgesetzt, vgl. Hamilton/Ohlberg, Die lautlose Eroberung, S. 38.
73 Vgl. Oertel, Ende, S. 59.
74 Vgl. ebenda, S. 64.
75 Vgl. Vogelsang, Kleine Geschichte, S. 419.
76 Zit. nach: ebenda, S. 219.
77 Zu den Uiguren in China vor Xis Machtantritt vgl. Gardner Bovingdon, The Uyghurs: Strangers in Their Own Land, New York 2010.
78 Vgl. die Ausführungen von Genia Kostka in: Piorkowski, Das Zeitalter.
79 Vgl. hierzu ausführlich Kevin Carrico, The Great Han: Race, Nationalism, and Tradition in China Today, Oakland 2017.
80 Vgl. Vogelsang, Kleine Geschichte, S. 411.
81 Vgl. Hilpert/Krumbein/Stanzel, Chinas gelenkte Erinnerung.
82 So im Interview mit dem Autor zur Deutschlandfunk-Sendung „Angriff auf den Liberalismus. Eine Lange Nacht über die Krise der Demokratie."
83 Zheng Wang, Never Forget National Humiliation: Historical Memory in Chinese Politics and Foreign Relations, New York 2012.
84 Vgl. Tai, „Vergesst niemals".
85 Vgl. die Ausführungen von Genia Kostka und Klaus Mühlhahn in: Piorkowski, Das Zeitalter.

86 Auch der „koloniale Blick" von Europäern und Japanern, der China als dauerhaft rückständig sah, als unfähig zu jedweder Modernisierung, wirkt in der kollektiven Erinnerung der Chinesen bis heute nach. Die chinesische Wissenschaftshistorikerin Yufei Zhou hat gezeigt, wie sich Teile von Japans Geistes-Elite im Rekurs auf die China-Hermeneutik des deutschen Intellektuellen Karl August Wittfogel eine Selbsterzählung schufen, die dem japanischen Kaiserreich im panasiatischen Raum eine exponierte Stellung zuwies. Im Gegensatz zu einem vermeintlich rückständigen und zu jedwedem Modernisierungsprozess unfähigen China positionierte man sich „jenseits von Asien". Japan hatte mit der Meiji-Verfassung von 1889 – die das Kaiserreich zur konstitutionellen Monarchie machen sollte – das preußische Modell (mit einigen britischen Einsprengseln) adaptiert und außerdem seit Mitte des 19. Jahrhunderts eine Art industrielle Revolution vollzogen. Man betrachtete sich als dem Westen ebenbürtiger asiatischer Sonderfall – und kategorial different zu Chinesen, deren angestammte Gesellschaftsform verhindere, dass sie sich „zivilisieren" würden. Nicht von ungefähr diente das auf Aristoteles und Montesquieu zurückgehende und von Wittfogel aktualisierte Konzept des „orientalischen Despotismus" im zweiten Sino-Japanischen Krieg (1937–1945) als ideologische Rechtfertigung, um die als unaufgeklärt gebrandmarkten Chinesen zu kolonisieren, vgl. Christoph David Piorkowski, Die verschlungenen Pfade der Wissensmigration, in: Weltweit vor Ort. Das Magazin der Max Weber Stiftung (2021) 2, S. 22–25.

87 Vgl. Hamilton/Ohlberg, Die lautlose Eroberung, S. 378–381.

88 Vgl. Oertel, Ende, S. 223. Der Verweis auf die Farbrevolutionen ist entlarvend. Dass kleinere Länder sich autonom und von sich aus für ein demokratisches System entscheiden könnten, kommt den Partei-Akteuren nicht in den Sinn.

89 Cornelius Dieckmann, Wang Huning, der Denker hinter Chinas Herrscher. Wie tickt Xi Jinpings autoritärer Chef-Ideologe?, in: Der Tagesspiegel, 3. 3. 2023, https://www.tagesspiegel.de/internationales/wang-huning-der-denker-hinter-chinas-herrschern-wie-tickt-xi-jinpings-autoritarer-chef-ideologe-9439076.html.

90 Vgl. Hamilton/Ohlberg, Die lautlose Eroberung, S. 32–35.

91 Vgl. Jasmin Gong/Bertram Lang/Kristin Shi-Kuper, European Crisis through the lens of Chinese media, in: MERICS China Monitor, 12. Juli 2016, https://cofdi.merics.org/sites/default/files/2020-05/MERICS_China_Monitor_33_EU_crisis_in_chinese_media_web.pdf.

92 Vgl. Oertel, Ende, S. 239.

93 Vgl. hierzu ausführlich Joshua Kurlantzick, Beijing's Global Media Offensive: China's Uneven Campaign to Influence Asia and the World, Oxford 2022.

94 Vgl. Oertel, Ende, S. 227.

95 China wiederum hat in manchen Fällen viel Geld abschreiben müssen. Mitunter wurde das „Win-Win" nicht nur zu einem „Win-Lose", sondern gar zu einem „Lose-Lose", vgl. Mattheis, Die dreckige Seidenstraße, S. 14.

96 Morozov, Russia's Postcolonial Identity.

97 Und im geostrategisch gut gelegenen Dschibuti hat die sich als antiimperialistisch verstehende Volksrepublik im Jahr 2017 ihre erste Auslandsmilitärbasis eröffnet.

98 Hamilton/Ohlberg, Die lautlose Eroberung, S. 361–381. Auch andere Länder, die nicht direkt in Chinas „Entwicklungsinitiative" integriert, aber in ihrem Außenhandel vielfach auf die Märkte Chinas angewiesen sind, müssen mit wirtschaftlicher Erpressung rechnen, wenn sie die von China geprägten Narrative etwa im Hinblick auf Taiwan, die Uiguren oder den Dalai Lama missachten.

99 Hamilton/Ohlberg, Die lautlose Eroberung, S. 361–381.

100 Ebenda, S. 53.

101 Vgl. Oertel, Ende, S. 229 f.

102 Vgl. Charlotte Kroll, Carl Schmitt in China. Liberalismus- und Rechtsstaatsdiskurse, 1989–2018, Diss., Heidelberg 2020, https://archiv.ub.uni-heidelberg.de/volltextserver/31452/1/Kroll_2022_Carl_Schmitt_in_China.pdf sowie Kai Marchal/Carl K.Y. Shaw, Carl Schmitt and Leo Strauss in the Chinese-Speaking World: Reorienting the Political, Lanham 2017.

103 Hamilton/Ohlberg, Die lautlose Eroberung, S. 361 f.

104 Zu der Frage, wie sich in den kommenden Jahren ein offener Krieg zwischen China und den USA abwenden lässt, vgl. Kevin Rudd, Wettbewerb statt Waffengang. Wie sich ein Krieg zwischen China und den USA noch verhindern lässt, in: Blätter für deutsche und internationale Politik (2023) 10, S. 39–46.

105 Im Menschenrechtsrat der Vereinten Nationen wirbt China für die „Menschenrechte chinesischer Prägung" und drängt andere Länder dazu, seine Menschenrechtspraxis zu loben. Ferner wird innerhalb der aus Entwicklungsländern bestehenden Gruppe der G77 (heute 134 Länder) in UN-Gremien oft die chinesische Perspektive vertreten, vgl. Hamilton/Ohlberg, Die lautlose Eroberung, S. 363.

106 Hamilton und Ohlberg weisen darauf hin, dass es wenig verwunderlich ist, dass die KPCh mit der globalen Ordnung unzufrieden ist, schließlich trug die Volksrepublik China wenig zu deren Errichtung bei und wurde erst 1971 Mitglied der UN, vgl. Hamilton/Ohlberg, Die lautlose Eroberung S. 361. Die Sitze Chinas in Vollversammlung und Sicherheitsrat der UN wurden von der auf Taiwan ansässigen Republik China auf die Volksrepublik China übertragen, nachdem immer weitere Staaten die Volksrepublik anerkannt hatten. Seither versucht die Volksrepublik mit großem Erfolg, Taiwan diplomatisch zu isolieren.

107 Auch bilaterale Partnerschaften fungieren als geostrategisches Machtinstrument. Janka Oertel hebt insbesondere die China-Russland-Achse hervor. Die Ökonomien von China und Russland seien komplementär. Um den Aufschwung nach der Covid-Pandemie zu schaffen, braucht China günstiges Öl und Gas aus Russland. Russland wiederum ist seit Beginn der Sanktionen 2014 und noch mehr seit 2022 auf Importe aus China angewiesen, vgl. Oertel, Ende, S. 243.

108 Vgl. Hamilton/Ohlberg, Die lautlose Eroberung, S. 382f.

109 Vgl. die Ausführungen von Mark Hallerberg und Klaus Mühlhahn in: Piorkowski, Das Zeitalter.

110 Vgl. die Ausführungen von Klaus Mühlhahn in: Piorkowski, Angriff auf den Liberalismus.

111 Vgl. die Ausführungen von Genia Kostka und Klaus Mühlhahn in: Piorkowski, Das Zeitalter.

V. Der Liberalismus als sein eigenes Problem

1 Christoph Röckerath, Wie Javier Milei Argentinien umkrempeln will, in: ZDF Heute, 17.2.2024, https://www.zdf.de/nachrichten/politik/ausland/milei-praesident-argentinien-reform-proteste-100.html.

2 Vgl. Tobias Boos, Mit der Motorsäge gegen den Staat. Argentiniens Anarchokapitalist, in: Blätter für deutsche und internationale Politik (2024) 1, S. 25–28.

3 Vgl. Quinn Slobodian, Staat ohne Macht. Die Geburt des Anarchokapitalismus aus dem Geist des Rechtsradikalismus, in: Blätter für deutsche und internationale Politik (2024) 1, S. 65–77 sowie ausführlich ders., Kapitalismus ohne Demokratie. Wie Marktradikale die Welt in Mikronationen, Privatstädte und Steueroasen zerlegen wollen, Berlin 2023.

4 Für konstruktiv-kritische Auseinandersetzungen mit dem Liberalismus und eine zeitgemäße Auslegung liberaler Prinzipien vgl. u. a. Jan-Werner Müller, Furcht und Freiheit. Für einen anderen Liberalismus, Berlin 2019; Christoph Möllers, Freiheitsgrade. Elemente einer liberalen politischen Mechanik, Berlin 2020 sowie Ralf Fücks/Rainald Manthe (Hrsg.), Liberalismus neu denken. Freiheitliche Antworten auf die Herausforderungen unserer Zeit, Bielefeld 2022. Für eine politikwissenschaftliche Analyse, die wenig Hoffnung für die Zukunft der liberalen Demokratie und der Demokratietheorie aufbringen kann, vgl. Veith Selk, Demokratiedämmerung. Eine Kritik der Demokratietheorie, 2. Aufl., Berlin 2024.

5 Zur politischen Philosophie des Liberalismus allgemein vgl. Elif Özmen, Was ist Liberalismus?, Berlin 2023.

6 Mit der Implementierung liberaler Ideen in politische Ordnungsmodelle wird in ereignisgeschichtlicher Perspektive nicht nur die Französische Revolution, sondern auch die „Glorious Revolution“ im Vereinigten Königreich und die amerikanische „Bill of Rights“ assoziiert. Auch die historische Entwicklung der Nationalstaatsordnung im Nachgang des Westfälischen Friedens hängt eng mit der Ideengeschichte des Liberalismus zusammen.

7 Özmen, Was ist Liberalismus?, S. 15.

8 Vgl. hierzu Isaiah Berlin, Zwei Freiheitsbegriffe, in: Philipp Schink (Hrsg.), Freiheit. Zeitgenössische Texte zu einer philosophischen Kontroverse, Berlin 2017, S. 71–133.

9 Vgl. Piorkowski, In Gegenwart, S. 112–117.

10 Vgl. Christoph David Piorkowski, Freiheit auf Abwegen, in: Philosophie Magazin, 4. April 2023, https://www.philomag.de/artikel/freiheit-auf-abwegen.

11 Vgl. Craig Calhoun/Dilip Parameshwar Gaonkar/Charles Taylor, Zerfallserscheinungen der Demokratie, Berlin 2024, S. 427–432.

12 Peter Thiel, zit. nach: Slobodian, Staat ohne Macht, S. 65.

13 Vgl. die Ausführungen von Christoph Möllers in: Christoph David Piorkowski, Wie egoistisch ist unsere Freiheit?, in: Der Tagesspiegel, 18. 2. 2023, https://www.tagesspiegel.de/wissen/demokratie-im-kreuzfeuer-wie-egoistisch-ist-unsere-freiheit-9358526.html.

14 Vgl. Frank Nullmeier, Covid-19-Pandemie und soziale Freiheit, in: Zeitschrift für Politische Theorie 11 (2020) 1, S. 127–154, https://www.budrich-journals.de/index.php/zpth/article/view/36835.

15 Vgl. hierzu die Ausführungen von Philipp Schink in: Piorkowski, In Gegenwart, S. 116.

16 Zu einem Verständnis von Freiheit, das das Gegensatzpaar von negativer und positiver Freiheit überwindet und Freiheit als einen Zustand interpretiert, in dem ein Mensch, unabhängig von den Intentionen anderer, deren Herrschaft nicht unterworfen ist, vgl. Philipp Schink, Grundrisse der Freiheit, Frankfurt a. M. 2012.

17 Vgl. den Vortrag von Rahel Jaeggi, „Solidarität mit dem Liberalismus im Augenblick seines Sturzes?", 6. 2. 2023, im Rahmen der Ringvorlesung „Zur Kritik und Zukunft des liberalen Skripts" des Forschungsclusters Contestations of the Liberal Script (SCRIPTS), https://www.scripts-berlin.eu/de/explore/galleries/lecture_series_12/index.html.

18 Karl Marx, Das Kapital 1, in: ders./Friedrich Engels. Werke 23, Berlin (Ost) 1962, S. 11–802, hier S. 183.

19 Vgl. Raul Zelik, Lieber frei als liberal, in: nd, 21. 9. 2018, https://www.nd-aktuell.de/artikel/1101208.liberalismus-lieber-frei-als-liberal.html.

20 Vgl. Axel Honneth, Den Sozialismus zur Vollendung bringen, in: SRF, Sternstunde Philosophie, 17. 1. 2016, https://www.srf.ch/play/tv/sternstunde-philosophie/video/axel-honneth-den-sozialismus-zur-vollendung-bringen?urn=urn:srf:video:f48213c2-40f3-4d3d-a3ae-5c02d9df5a51.

21 Vgl. Chantal Mouffe, Eine Grüne demokratische Revolution. Linkspopulismus und die Macht der Affekte, Berlin 2023, S. 9–31.

22 Vgl. Bluhm, Russland, S. 36.

23 Zwar ragen die Extremformen des Liberalismus mit ihrer radikalen Vorstellung von negativer Freiheit mitunter in den Faschismus hinein. Im Paläolibertarismus ist das offensichtlich (wobei umstritten ist, ob es sich hier überhaupt noch um eine Form des Liberalismus handelt). Doch auch wenn der Faschismus oft kein Problem damit hat, sich mit dem Wirtschaftsliberalismus zu arrangieren, ist er in Theorie und Praxis antiliberal. Insbesondere der Nationalsozialismus (den man nicht mit anderen Faschismen gleichsetzen sollte) war seinem programmatischen Verständnis nach auch antikapitalistisch. Auch der illiberale Konservatismus in Russland nimmt immer „antikapitalistischere" Züge an. Zumal sich die geistige Strömung des Konservatismus ohnehin erst in der Nachkriegszeit zum modernen liberalen Konservatismus im Sinne der CDU entwickelt hat. Ursprünglich war auch dieser eine antiliberale Unternehmung. Der Faschismus war letztlich Fleisch vom Fleische des Konservatismus. Letzterer verharrt bis heute in einer ambivalenten Haltung zur liberalen Moderne, vgl. Edmund Fawcett, Conservatism: The Fight for a Tradition, Princeton 2020, S. 342. Dabei hatte der Konservatismus historisch (aber auch in der jüngeren Vergangenheit) häufig eine Scharnierfunktion. Das bürgerlich-konservative

Lager hat in der Geschichte immer wieder den Zwirn zivilisierter Normen abgestreift und sich von seiner rohen Seite gezeigt. So dienten Konservative oft als Steigbügelhalter faschistischer Regime. Das Amalgam aus Konservatismus und Faschismus besiegelte das Ende der Weimarer Republik, zeitigte in Österreich den Austrofaschismus und putschte in Spanien den Franquismus an die Macht. In Krisenzeiten wird das Bürgertum gefährlich, was der Philosoph Karl Mannheim schon früh vorausgesehen hatte. Zuweilen öffnen radikalisierte Konservative dem Faschismus nicht nur die Türen zur Macht, sondern gleichen sich ihm an. Für die Gegenwart erörtert die Politikwissenschaftlerin Natascha Strobl anhand des österreichischen Ex-Kanzlers Sebastian Kurz sowie Donald Trumps die Typologie eines radikalisierten Konservatismus, vgl. Natascha Strobl, Radikalisierter Konservatismus. Eine Analyse, Berlin 2021.

24 Vgl. Calhoun/Gaonkar/Taylor, Zerfallserscheinungen, S. 432–438.

25 Gerhard Schröder, Über Wirtschaftspolitik, zit. nach: Daniel Friedrich Sturm/Stefanie Witte, 80 Zitate zu Gerhard Schröders 80. Geburtstag. Von „Hol' mir mal 'ne Flasche Bier“ bis „Euch mach ich fertig!“, in: Der Tagesspiegel, 5.4.2024, https://www.tagesspiegel.de/politik/80-zitate-zu-gerhard-schroders-80-geburtstag-von-hol-mir-mal-ne-flasche-bier-bis-euch-mach-ich-fertig-11460974.html.

26 Vgl. Armin Schäfer/Michael Zürn, Die Krise der Repräsentation und die entfremdete Demokratie, in: Kolja Möller (Hrsg.), Populismus. Ein Reader, Berlin 2021, S. 329–367 sowie Armin Schäfer/Michael Zürn, Die demokratische Regression. Die politischen Ursachen des autoritären Populismus, Berlin 2021.

27 Vgl. Schäfer/Zürn, Die Krise, S. 332–338.

28 Vgl. ebenda, S. 340–348.

29 Mouffe, Eine Grüne, Berlin 2023, S. 10f.

30 Vgl. Ingo Elbe, Die postmoderne Querfront. Anmerkungen zu Chantal Mouffes Theorie des Politischen, in: sans phrase. Zeitschrift für Ideologiekritik (2018) 12, S. 180–207.

31 Zur demokratischen Notwendigkeit einer weitgehenden Trennung verschiedener sozialer Sphären bzw. Güter, insbesondere von Geld und politischer Macht, vgl. Michael Walzer, Spheres of Justice: A Defense of Pluralism and Equality, New York 1984.

32 „Autoritärer Nationalradikalismus“. Christoph David Piorkowski im Gespräch mit Wilhelm Heitmeyer, in: Deutschland Archiv, 16.12.2023, https://www.bpb.de/themen/deutschlandarchiv/522277/autoritaerer-nationalradikalismus/.

33 Vgl. Hartmut Rosa, Weltbeziehungen im Zeitalter der Beschleunigung. Umrisse einer neuen Gesellschaftskritik, Berlin 2012, S. 235.

34 Vgl. Heitmeyer, „Autoritärer Nationalradikalismus", S. 319–323.

35 Im Hinblick auf die Frage, warum rechtspopulistische Parteien in spezifischen Situationen und Regionen durchschlagenden Erfolg haben, müssen zusätzlich zu den genannten Faktoren auf der Makroebene indes auch Faktoren auf der Mesoebene – wie bestimmte regionenspezifische Erfahrungen und das tradierte Vorhandensein rechter Strukturen in lokalen Kontexten – und ferner Faktoren auf der Mikroebene – etwa die Frage, inwiefern bestimmte Sozialisationserfahrungen Individuen autoritär disponieren können – untersucht werden. Vgl. hierzu Rippl/Seipel, Rechtspopulismus, S. 36–63.

36 Nancy Fraser, Für eine neue Linke oder: Das Ende des progressiven Neoliberalismus, in: Blätter für deutsche und internationale Politik (2017) 2, S. 71–76.

37 Vgl. Nancy Fraser/Rahel Jaeggi, Kapitalismus. Ein Gespräch über kritische Theorie, Berlin 2020, S. 264–292 sowie Piorkowski, In Gegenwart, S. 141–145.

38 Fraser, Für eine neue Linke, S. 73.

39 Vgl. Calhoun/Gaonkar/Taylor, Zerfallserscheinungen, S. 436–441.

40 Vgl. Andreas Reckwitz, Die Gesellschaft der Singularitäten. Zum Strukturwandel der Moderne, Berlin 2017.

41 Vgl. die Ausführungen von Stefan Gosepath, in: Piorkowski, Wie egoistisch.

42 Vgl. Alain Ehrenberg, Das erschöpfte Selbst. Depression und Gesellschaft in der Gegenwart, Frankfurt a. M. 2008.

43 Vgl. Carolin Amlinger/Oliver Nachtwey, Gekränkte Freiheit. Aspekte des libertären Autoritarismus, Berlin 2022.

44 Vgl. ebenda, S. 12–14.

45 Vgl. Berthold Franke, Für einen neuen Faschismusbegriff. Warum wir bei Putin, Orbán und Co. nicht nur von Rechtspopulismus sprechen sollten, in: Blätter für deutsche und internationale Politik (2023) 10, S. 47–60.

46 So im Interview mit dem Autor zur Sendung „Angriff auf den Liberalismus. Eine Lange Nacht über die Krise der Demokratie".

47 So im Interview mit dem Autor zur Sendung „Angriff auf den Liberalismus. Eine Lange Nacht über die Krise der Demokratie"; vgl. auch Jaeggi, „Solidarität" sowie Katrina Forrester, In the Shadow of Justice: Postwar Liberalism and the Remaking of Political Philosophy, Princeton 2019.

48 Gleiches gilt Fraser zufolge auch für weitere Scheidelinien, die sie als maßgeblich für den Kapitalismus erachtet: So sei die kapitalistische Wirtschaftsweise von diversen Hintergrundbedingungen abhängig, die einerseits vampirartig ausgesaugt, andererseits chronisch verleugnet würden. Denn zu allen Zeiten seiner bewegten Geschichte trenne der Kapitalismus die Sphäre der Produktion von jener der sozialen Reproduktion, die Ökonomie vom Gemeinwesen, die menschliche Gesellschaft von der nicht-menschlichen Natur und die juristisch legitimierte Ausbeutung im kapitalistischen Zentrum (Globaler Norden) von der grausamen Enteignung an der Peripherie (Globaler Süden). Die kapitalistische Wirtschaft sei demnach auf die Wertschöpfung diverser Hintergrundebenen angewiesen, die sie – wie etwa beim Raubbau am Planeten – letztlich als kostenlose „Inputs" erachte, deren Erschöpfung nicht eingerechnet sei, vgl. Nancy Fraser/Christoph David Piorkowski „Der Kapitalismus ist kannibalistisch". Nancy Fraser im Gespräch, in: Blätter für deutsche und internationale Politik (2022) 9, S. 65–72 sowie ausführlich Nancy Fraser, Der Allesfresser. Wie der Kapitalismus seine eigenen Grundlagen verschlingt, Berlin 2023.

49 Vgl. Fraser/Jaeggi, Kapitalismus, S. 13–28.

50 Vgl. Schöne Aussichten. Jens Bisky im Gespräch mit der Berliner Philosophin Rahel Jaeggi und dem Politikwissenschaftler Michael Zürn, in: Albert. Das Journal der Einstein Stiftung Berlin (2022) 7: Demokratieforschung, S. 16–26.

51 Vgl. Fraser/Jaeggi, Kapitalismus, S. 36–48.

52 Die Ökonomin Shoshana Zuboff hat in ihrem Mammutwerk „Das Zeitalter des Überwachungskapitalismus" untersucht, wie die digitalen Großplayer die menschliche Erfahrung selbst, die Regungen, Neigungen und Wünsche der Individuen, als kostenlosen Rohstoff verwenden. Zuvor eine der letzten Bastionen außerhalb der Marktlogik, erachten die Tech-Giganten nun auch unsere Innerlichkeit als Ressource zur Herstellung von Mehrwert. Der einstige Traum vom Internet als herrschaftsfreiem Kommunikationsraum sei so zum Albtraum einer parasitären Ökonomie geworden. Als willfährige Lieferanten ihrer urpersönlichen Geheimnisse lassen sich die netzaffinen Bürger der Spätmoderne von einer ausbeuterischen Industrie freiwillig konditionieren. Mit der Kommerzialisierung persönlicher Daten durch Digital-Unternehmen wie Meta, Google und Amazon habe unser Wirtschaftssystem eine neue Evolutionsstufe erreicht, die Zuboff Überwachungskapitalismus nennt, vgl. Shoshana Zuboff, Das Zeitalter des Überwachungskapitalismus, Frankfurt a. M./New York 2018.

53 Vgl. Jaeggi/Zürn, Schöne Aussichten, S. 16–26.

54 Vgl. Thomas Piketty, Mehr Gleichheit wagen! Für die globale Transformation des Kapitalismus, in: Blätter für deutsche und internationale Politik (2022) 10, S. 45–56, sowie Thomas Piketty, Eine kurze Geschichte der Gleichheit, München 2022.

55 Vgl. hierzu ausführlich Hartmut Rosa, Resonanz. Eine Soziologie der Weltbeziehung, Berlin 2016.

56 Vgl. Thomas Piketty, Mehr Gleichheit wagen! Für die globale Transformation des Kapitalismus, in: Blätter für deutsche und internationale Politik (2022) 10, S. 45–56, hier S. 48–52.

57 Auch ist die theoretische Sozial-Anthropologie vielleicht gar kein entscheidendes Kriterium zur Bemessung funktionaler und gerechter Gesellschaftsverhältnisse. Womöglich ist es gar nicht so zentral, ob man sich die Freiheit als ursprünglichen „Besitz" von Individuen vorstellt, die dann, wie im klassischen Liberalismus, zusammenkommen und einen Gesellschaftsvertrag schließen, oder ob man das „Immer-schon-Gegebensein" der Gesellschaft mit Emphase betont, wie es Sozialisten in aller Regel tun. Wenn die Praxis eines sozialen Liberalismus und eines liberalen Sozialismus nahezu identisch sind, braucht man sich nicht über Begriffsfragen zu streiten.

58 Vgl. Max Horkheimer/Theodor W. Adorno, Dialektik der Aufklärung. Philosophische Fragmente, 26. Aufl., Frankfurt a. M. 1988.

59 Der Einzelne sei zum Funktionsträger verkommen, passe sich den Apparaturen an, mit denen er zu arbeiten angehalten sei. Die technisierte Welt ist für Horkheimer ein Albtraum. Dabei ist er Dialektiker genug, um auch die positiven Seiten der Technik zu erkennen, was ihn von rechten Antimodernisten wie Martin Heidegger deutlich unterscheidet, vgl. Max Horkheimer, Zur Kritik der instrumentellen Vernunft, 2. Aufl., Frankfurt a. M. 2007.

60 Klassische Modernisierungstheorien von Georg Simmel, Émile Durkheim oder Max Weber haben häufig einen notwendigen Zusammenhang von Modernisierung und Individualisierung hervorgehoben. Diese wurde als linearer oder gar teleologischer Prozess und als Alleinstellungsmerkmal der westlichen Zivilisation gedeutet. Die Annahme war: Erst als die Gesellschaften des Okzidents ihr traditionelles Gepräge abgelegt und sich sozial, kulturell und ökonomisch ausgefächert haben – mit Aufklärung, Säkularisierung, erweiterter Arbeitsteilung und industrieller Revolution –, hat das Individuum im heutigen Sinn die Weltbühne betreten. Längst aber haben diverse Forscherinnen und Forscher

herausgearbeitet, dass Individualisierung – etwa im Sinne gesteigerter Selbstreflexion, einer Pluralisierung von Lebensstilen oder der moralischen und juridischen Zuschreibung personeller Verantwortlichkeiten – keine reine Erfindung der westlichen Moderne darstellt und sich in verschiedenen Zeiträumen und Weltgegenden vollzog. Vor allem in städtischen Zentren, wo viele Menschen aus zahlreichen Welten zusammenkamen, gab es oft hoch-individualisierte Selbst- und Weltverhältnisse. Auf Individualisierungszyklen folgten indes auch häufig Angleichungs- und Rekollektivierungsprozesse. Im Zuge der westlichen Moderne konnte sich die Individualisierung durch zunehmende Verstädterung und die Ausbildung breiterer Mittelschichten letztlich wohl flächendeckender verankern als andernorts, vgl. hierzu Jörg Rüpke/Antje Linkenbach/Martin Mulsow u. a. (Hrsg.), Religious Individualisation: Historical Dimensions and Comparative Perspectives, Berlin/Boston 2019.

61 „Charta 08", zit. nach: Vogelsang, Kleine Geschichte, S. 414.

62 Vgl. Christoph David Piorkowski, Der blinde Fleck. Teile der Linken und der Antisemitismus, in: Philosophie Magazin, 29. 11. 2023, https://www.philomag.de/artikel/der-blinde-fleck-teile-der-linken-und-der-antisemitismus. Allgemein zu Antisemitismus in der Linken vgl. z. B. Stephan Grigat (Hrsg.), Kritik des Antisemitismus in der Gegenwart. Erscheinungsformen – Theorien – Bekämpfung, Baden-Baden 2023; Steffen Klävers, Decolonizing Auschwitz? Komparativ-postkoloniale Ansätze in der Holocaustforschung, Berlin 2021; Monika Schwarz-Friesel, Toxische Sprache und geistige Gewalt. Wie judenfeindliche Denk- und Gefühlsmuster seit Jahrhunderten unsere Kommunikation prägen, Tübingen 2022; Judith Coffey/Vivien Laumann, Gojnormativität. Warum wir anders über Antisemitismus sprechen müssen, Berlin 2021; Nicholas Potter/Stefan Lauer (Hrsg.) Judenhass Underground. Antisemitismus in emanzipatorischen Subkulturen und Bewegungen, Leipzig 2023; Meron Mendel/Saba-Nur Cheema/Sina Arnold (Hrsg.), Frenemies. Antisemitismus, Rassismus und ihre Kritiker*innen, Berlin 2022; Stephan Grigat/Jakob Hoffmann/Marc Seul/Andreas Stahl (Hrsg.), Erinnern als höchste Form des Vergessens? (Um-)Deutungen des Holocaust und der „Historikerstreit 2.0", Berlin 2023; Saul Friedländer/Norbert Frei/Sybille Steinbacher/Dan Diner, Ein Verbrechen ohne Namen. Anmerkungen zum neuen Streit über den Holocaust, München 2022; Holz/Haury, Antisemitismus; Elbe, Antisemitismus; Jeffrey Herf, Three Faces of Antisemitism: Right, Left and Islamist, London 2023; Jean Améry, Der neue Antisemitismus, 3. Druckaufl., Stuttgart 2024; Tania Martini/Klaus Bittermann

(Hrsg.), Nach dem 7. Oktober. Essays über das genozidale Massaker und seine Folgen, Berlin 2024; Dietrich Schulze-Marmeling, Antisemitismus reloaded. Die Linke, der Staat und der 7. Oktober, Göttingen 2024.

63 Amlinger/Nachtwey, Gekränkte Freiheit, S. 207–245.

64 Es ist im Übrigen bezeichnend, dass der Universalismus von postkolonial inspirierten Akteuren mit Blick auf Identitätskollektive im Globalen Süden oft kulturrelativistisch zurückgewiesen und gleichzeitig dort eingefordert wird, wo der Staat Israel seine partikulare Identität als genuin jüdischer Staat beansprucht. Dass der Universalismus bis auf Weiteres auch hier keine Option ist, weil Jüdinnen und Juden jenseits der israelischen Grenzen nur hinter Panzerglas ihre Religion oder Kultur praktizieren können, scheint für die Selbstgerechten unter den Völkern keine Rolle zu spielen.

65 Astra Taylor, Democracy May Not Exist, but We'll Miss It When It's Gone, New York 2019.

66 Antonio Gramsci, Gefängnishefte 3, § 34, in: ders., Gefängnishefte 2. Hrsg. von Klaus Bochmann und Wolfgang Fritz Haug, Hamburg 1999, S. 354 f.

Quellen und Literatur

[Alle Weblinks wurden Anfang Juni 2024 aufgerufen und geprüft.]

Quellen

Benoist, Alain de (Gespräch mit Arne Schimmer), „Auf den Trümmern des bürgerlichen Individualismus“, in: Hier & Jetzt 15 (2010), S. 26–35.

„Charta 08“, zitiert nach: Kai Vogelsang, Kleine Geschichte Chinas, 3. Aufl., Stuttgart 2019, S. 414.

Charta der Hamas von 1988 und 2017 im Wortlaut. Ins Deutsche übersetzt, https://www.kritiknetz.de/religionskritik/1030-die-chata-der-hamas-im-wortaut-ins-englische-uebersetzt.

Dobrindt, Alexander, „Wir brauchen eine bürgerlich-konservative Wende“, in: Welt, 4. Januar 2018, https://www.welt.de/debatte/kommentare/plus172133774/Warum-wir-nach-den-68ern-eine-buergerlich-konservative-Wende-brauchen.html.

Dugin, Alexander, „Jeder Westler ist ein Rassist“, in: Der Spiegel, 14. Juli 2014.

Faye, Guillaume, Wofür wir kämpfen. Manifest des europäischen Widerstandes, o. O. 2006.

Goebbels, Joseph, Was wollen wir im Reichstag? (30. April 1928), in: ders., Der Angriff. Aufsätze aus der Kampfzeit, München 1935, S. 71, 73, https://archive.org/details/DerAngriff-AufsaetzeAusDerKampfzeit/page/n71/mode/2up?view=theater.

Himmler, Heinrich, Brief an den Großmufti von Jerusalem, Amin al-Husseini, zitiert nach: Michael Kiefer, Antisemitismus in den islamischen Gesellschaften. Der Palästina-Konflikt und der Transfer eines Feindbildes, Düsseldorf 2002, S. 78.

Jelzin, Boris, Auf des Messers Schneide, Tagebuch des Präsidenten, Berlin 1994.
– Zur Autonomie der Staaten der Russischen Föderation, zitiert nach: Uwe Halbach, Tschetscheniens Stellung in der Russischen Föderation. Ramsan Kadyrows Privatstaat und Wladimir Putins föderale Machtvertikale, in: SWP-Studie, Berlin 2018.
Lichtmesz, Martin, Ich bin nicht Charlie (Teil 1), 10. Januar 2015, https://sezession.de/47864/ich-bin-nicht-charlie-teil-1.
Mao Zedong, Rede vom 18. Mai 1958, übersetzt von Helmut Martin, zitiert nach: Kai Vogelsang, Kleine Geschichte Chinas, 3. Aufl., Stuttgart 2019, S. 358.
Maudūdī, Abū l-A'lā, The Sick Nations of the Modern Age, Lahore 1966, S. 13, zitiert nach: William Montgomery Watt, Islamic Fundamentalism and Modernity, London 1989, S. 56.
Nasser Gamal, Abdel, Laughing at Muslim Brotherhood hijab requirement in 1958 (subtitled), https://www.youtube.com/watch?v=_ZIqdrFeFBk.
Nolte, Ernst, Die dritte radikale Widerstandsbewegung. Der Islamismus, Berlin 2009.
Orbán, Viktor, Rede zur Lage der Nation (18. Februar 2018), https://2015-2022.miniszterelnok.hu/ministerprasident-viktor-orbans-rede-zur-lage-der-nation-2/.
– Rede auf einer Wahlkampfveranstaltung im Juni 2018, zitiert nach: Tagesschau Faktenfinder, https://www.tagesschau.de/faktenfinder/ungarn-eu-soros-101.html.
Putin, Wladimir, Rede auf der 43. Münchner „Sicherheitskonferenz" im Jahr 2007, in deutscher Übersetzung, zitiert nach: https://www.infosperber.ch/wp-content/uploads/2017/02/Putin-Muenchen-Rede-2007.pdf.
– Ukraine-Rede im Wortlaut, in: Der Spiegel, 23. Februar 2024, https://www.spiegel.de/ausland/der-kremlchef-und-seine-

drohungen-gegen-den-westen-putins-ukraine-rede-im-wort-laut-a-fab35f1d-3a2e-494c-af44-72798d2aa42c.

Qutb, Sayyid, Unser Kampf mit den Juden (Ma'rakatuna ma'a al-yahud) von 1950, zitiert nach: Klaus Holz und Thomas Haury, Antisemitismus gegen Israel, Hamburg 2021, S. 179–196.

– Zeichen auf dem Weg (ma'ālim fī ṭ-ṭarīq), zitiert nach: Christine Schirrmacher, Islamismus. Wenn Religion zur Politik wird, Holzgerlingen 2010, S. 51.

Schröder, Gerhard, Über Wirtschaftspolitik, zitiert nach: Daniel Friedrich Sturm, Stefanie Witte, 80 Zitate zu Gerhard Schröders 80. Geburtstag. Von „Hol' mir mal 'ne Flasche Bier" bis „Euch mach ich fertig!, in: Der Tagesspiegel, 5. April 2024, https://www.tagesspiegel.de/politik/80-zitate-zu-gerhard-schroders-80-geburtstag-von-hol-mir-mal-ne-flasche-bier-bis-euch-mach-ich-fertig-11460974.html.

Sellner, Martin, Postkoloniale Angriffe auf den „Auschwitz-Mythos" (25. Mai 2021), https://sezession.de/64268/postkoloniale-angriffe-auf-den-auschwitz-mythos.

Thiel, Peter, Über Freiheit und Demokratie, zitiert nach: Slobodian, Staat ohne Macht, S. 65.

Weißmann, Karl-Heinz, „Kriminelle Akte" (Interview), in: Junge Freiheit, 31. August 2001, https://jf-archiv.de/archiv01/361yy21.htm.

Xi Jinping, Grundsatzrede, analysiert von Elisabeth Schmidt, ZDF Heute, 9. Februar 2023, https://www.zdf.de/nachrichten/politik/china-xi-grundsatzrede-100.html.

– Über den „Sozialismus chinesischer Prägung", 29. November 2012, zitiert in deutscher Übersetzung nach: Kai Vogelsang, Kleine Geschichte Chinas, 3. Aufl., Stuttgart 2019, S. 418.

Literatur

Adorno, Theodor W., Aspekte des neuen Rechtsradikalismus. Ein Vortrag, 3. Aufl., Berlin 2019.

Améry, Jean, Der neue Antisemitismus, 3. Aufl., Stuttgart 2024.

Amlinger, Carolin/Nachtwey, Oliver, Gekränkte Freiheit. Aspekte des libertären Autoritarismus, Berlin 2022.

Anthony, Tamara, Von Panda-Diplomatie zu „Wolfskriegern", in: Tagesschau Online, 3. November 2022, https://www.tagesschau.de/ausland/asien/china-diplomatie-101.html.

Arendt, Hannah, Elemente und Ursprünge totaler Herrschaft. Antisemitismus, Imperialismus, totale Herrschaft, 20. Aufl., München 2017.

Bauman, Zygmunt, Retrotopia. Aus dem Englischen von Frank Jakubzik, Berlin 2017.

Beissinger, Mark R., Nationalist Mobilisation and the Collapse of the Soviet State, Cambridge 2002.

Benslama, Fethi, Der Übermuslim. Was junge Menschen zur Radikalisierung treibt. Aus dem Französischen von Monika Mager und Michael Schmid, Berlin 2017.

– Psychoanalyse des Islam. Aus dem Französischen von Monika Mager und Michael Schmid, Berlin 2017.

Bensoussan, Georges, Die Juden der arabischen Welt. Die verbotene Frage. Aus dem Französischen von Jürgen Schröder, Leipzig 2019.

Berlin, Isaiah, Zwei Freiheitsbegriffe, in: Philipp Schink (Hrsg.), Freiheit. Zeitgenössische Texte zu einer philosophischen Kontroverse, Berlin 2017, S. 71–133.

Bisky, Jens, Schöne Aussichten. Jens Bisky im Gespräch mit der Berliner Philosophin Rahel Jaeggi und dem Politikwissenschaftler Michael Zürn, in: Albert. Das Journal der Einstein Stiftung Berlin (2022) 7: Demokratieforschung, S. 16–26.

Bluhm, Katharina, Russland und der Westen. Ideologie, Ökonomie und Politik seit dem Ende der Sowjetunion, Berlin 2023.

Boos, Tobias, Mit der Motorsäge gegen den Staat. Argentiniens Anarchokapitalist, in: Blätter für deutsche und internationale Politik (2024) 1, S. 25–28.

Bovingdon, Gardner, The Uyghurs: Strangers in Their Own Land, New York 2010.

Bozay, Kemal, Graue Wölfe – die größte rechtsextreme Organisation in Deutschland, https://www.bpb.de/themen/rechtsextremismus/dossier-rechtsextremismus/260333/graue-woelfe-die-groesste-rechtsextreme-organisation-in-deutschland/.

Calhoun, Craig/Gaonkar, Dilip Parameshwar/Taylor, Charles, Zerfallserscheinungen der Demokratie. Aus dem Amerikanischen von Andreas Wirthensohn, Berlin 2024.

Carrico, Kevin, The Great Han: Race, Nationalism, and Tradition in China Today, Oakland 2017.

Casar, Danyal, Der Muslimbruder als Nationalchauvinist. Zur Synthese von Islam und völkischer Ideologie in der Türkei, in: Fatma Keser/David Schmidt/Andreas Stahl (Hrsg.), Gesichter des politischen Islam, Berlin 2023, S. 167–195.

Coffey, Judith/Laumann, Vivien, Gojnormativität. Warum wir anders über Antisemitismus sprechen müssen, Berlin 2021.

Dawisha, Karen, Putin's Kleptocracy: Who Owns Russia?, New York 2015.

Di Cesare, Donatella, Heidegger, die Juden, die Shoah, Frankfurt a. M. 2016.

Diekmann, Cornelius/Bräuner, Victoria, „Das ist Chinas Kampfansage an den Westen". Wie Xi Jinping an einer autoritären Weltordnung baut, in: Der Tagesspiegel, 18. Juni 2023, https://www.tagesspiegel.de/gesellschaft/das-ist-chinas-kampfansage-an-den-westen-wie-xi-jinping-an-einer-autoritaren-weltordnung-baut-9990052.html.

– Wang Huning, der Denker hinter Chinas Herrscher. Wie tickt Xi Jinpings autoritärer Chef-Ideologe?, in: Der Tagesspiegel, 3. März 2023, https://www.tagesspiegel.de/internationales/wang-huning-der-denker-hinter-chinas-herrschern-wie-tickt-xi-jinpings-autoritarer-chef-ideologe-9439076.html.

Ehrenberg, Alain, Das erschöpfte Selbst. Depression und Gesellschaft in der Gegenwart. Aus dem Französischen von Manuela Lenzen und Martin Klaus, Frankfurt a. M. 2008.

Elbe, Ingo, Antisemitismus und Postkoloniale Theorie. Der „progressive" Angriff auf Israel, Judentum und Holocausterinnerung, Berlin 2024.

– Die postmoderne Querfront. Anmerkungen zu Chantal Mouffes Theorie des Politischen, in: sans phrase. Zeitschrift für Ideologiekritik (2018) 12, S. 180–207.

– Postkolonialismus und Antisemitismus. Einleitung zu einer Bibliographie postkolonialer und postmodern-antirassistischer Thematisierungen von Antisemitismus, Holocaust, Judentum und Zionismus, in: Stephan Grigat (Hrsg.), Kritik des Antisemitismus in der Gegenwart (Interdisziplinäre Antisemitismusforschung Bd. 14), Baden-Baden 2023, S. 157–169.

Ess, Hans van, Rolle der kulturellen Tradition, in: Informationen zur politischen Bildung Nr. 337, 2/2018: Volksrepublik China, S. 13–15.

Fawcett, Edmund, Conservatism: The Fight for a Tradition, Princeton 2020.

Fischer, Sabine, Die Chauvinistische Bedrohung. Russlands Kriege und Europas Antworten, Berlin 2023.

Forrester, Katrina, In the Shadow of Justice: Postwar Liberalism and the Remaking of Political Philosophy, Princeton 2019.

Franke, Berthold, Für einen neuen Faschismusbegriff. Warum wir bei Putin, Orbán und Co. nicht nur von Rechtspopulismus sprechen sollten, in: Blätter für deutsche und internationale Politik (2023) 10, S. 47–60.

Fraser, Nancy, Der Allesfresser. Wie der Kapitalismus seine eigenen Grundlagen verschlingt, Berlin 2023.

– Für eine neue Linke oder: Das Ende des progressiven Neoliberalismus, in: Blätter für deutsche und internationale Politik (2017) 2, S. 71–76.

– /Jaeggi, Rahel, Kapitalismus. Ein Gespräch über kritische Theorie, Berlin 2020.

– /Piorkowski, Christoph David, „Der Kapitalismus ist kannibalistisch". Nancy Fraser im Gespräch, in: Blätter für deutsche und internationale Politik (2022) 9, S. 65–72.

Friedländer, Saul/Frei, Norbert/Steinbacher, Sybille/Diner, Dan, Ein Verbrechen ohne Namen. Anmerkungen zum neuen Streit über den Holocaust, München 2022.

Fücks, Ralf/Manthe, Rainald (Hrsg.), Liberalismus neu denken. Freiheitliche Antworten auf die Herausforderungen unserer Zeit, Bielefeld 2022.

Galeotti, Mark, Die kürzeste Geschichte Russlands. Aus dem Englischen von Stephan Pauli, 3. Aufl., Berlin 2023.

Garsztecki, Stefan/Laux, Thomas/Nebelin, Marian (Hrsg.), Brennpunkte der „Neuen" Rechten. Globale Entwicklungen und die Lage in Sachsen, Bielefeld 2023.

Geheimplan gegen Deutschland, in: Correctiv. Recherchen für die Gesellschaft, 10. Januar 2024, https://correctiv.org/aktuelles/neue-rechte/2024/01/10/geheimplan-remigration-vertreibung-afd-rechtsextreme-november-treffen/.

Gong, Jasmin/Lang, Bertram/Shi Kuper, Kristin, European Crisis through the lense of Chinese media, in: MERICS China Monitor, 12. Juli 2016.

Gramsci, Antonio, Gefängnishefte 3, § 34, in: ders., Gefängnishefte 2. Hrsg. von Klaus Bochmann und Wolfgang Fritz Haug, Hamburg 1999.

Grigat, Stephan, Kritik des Antisemitismus heute. Zur kritischen Theorie antijüdischer Projektionen, der Persistenz des Antizionismus und der aktuellen Gefahr des islamischen Antisemitismus, in: ders. (Hrsg.), Kritik des Antisemitismus in der Gegenwart, Baden-Baden 2023, S. 11–47.

– (Hrsg.), Kritik des Antisemitismus in der Gegenwart. Erscheinungsformen – Theorien – Bekämpfung, Baden-Baden 2023.

– /Hoffmann, Jakob/Seul, Marc/Stahl, Andreas (Hrsg.), Erinnern als höchste Form des Vergessens? (Um-)Deutungen des Holocaust und der „Historikerstreit 2.0", Berlin 2023.

Halm, Heinz, Der Islam. Geschichte und Gegenwart, 11., aktualisierte Aufl., Berlin 2018.

Hamilton, Clive/Ohlberg, Mareike, Die lautlose Eroberung. Wie China westliche Demokratien unterwandert und die Welt neu ordnet, München 2022.

Hein, Matthias von, Xi Jinping und der „Chinesische Traum", in: Deutsche Welle, 7. Mai 2018, https://www.dw.com/de/xi-jinping-und-der-chinesische-traum/a-43545156.

Hein-Kircher, Heidi, Politische Mythen, https://www.bpb.de/shop/zeitschriften/apuz/30604/politische-mythen/.

Heitmeyer, Wilhelm, Autoritärer Nationalradikalismus, in: Kolja Möller (Hrsg.), Populismus. Ein Reader, Berlin 2022, S. 300–328.

Herf, Jeffrey, Nazi Propaganda for the Arab World, New Haven 2009.

– Three Faces of Antisemitism: Right, Left and Islamist, London 2023.

Hillje, Johannes, Das „Wir" der AfD, Kommunikation und kollektive Identität im Rechtspopulismus, Frankfurt a. M./New York 2022.

– It's the identity, stupid! Wie sich der anhaltende Erfolg der AfD erklären lässt, in: Blätter für deutsche und internationale Politik (2022) 12, S. 83–88.

Hilpert, Hanns Günther/Krumbein, Frédéric/Stanzel, Volker, Chinas gelenkte Erinnerung. Wie historische Ereignisse erinnert, glorifiziert, umgedeutet und verschwiegen werden, in: Stiftung Wissenschaft und Politik, SWP Aktuell A 70 (2019), 18. Dezember 2029, https://www.swp-berlin.org/publikation/chinas-gelenkte-erinnerung.

Holz, Klaus/Haury, Thomas, Antisemitismus gegen Israel, Hamburg 2021.

– Die antisemitischen Konstruktion des Dritten und die nationale Ordnung der Welt, in: Christina von Braun/Eva Maria Ziege (Hrsg.), Das „bewegliche" Vorurteil. Aspekte des internationalen Antisemitismus, Würzburg 2004, S. 43–61.

Honneth, Axel, Den Sozialismus zur Vollendung bringen, in: SRF, Sternstunde Philosophie, 17. Januar 2016, https://www.srf.ch/play/tv/sternstunde-philosophie/video/axel-honneth-den-sozialismus-zur-vollendung-bringen?urn=urn:srf:video:f48213c2-40f3-4d3d-a3ae-5c02d9df5a51.

Horkheimer, Max, Zur Kritik der instrumentellen Vernunft, 2. Aufl., Frankfurt a. M. 2007.

– /Adorno, Theodor W., Dialektik der Aufklärung. Philosophische Fragmente, 26. Aufl., Frankfurt a. M. 1988.

Hua, Yu, China in Ten Words, New York 2012.

Jaeggi, Rahel, „Solidarität mit dem Liberalismus im Augenblick seines Sturzes", 6. Februar 2023, Vortrag im Rahmen der Ringvorlesung „Zur Kritik und Zukunft des liberalen Skripts" des Forschungsclusters Contestations of the Liberal Script (SCRIPTS), https://www.scripts-berlin.eu/de/explore/galleries/lecture_series_12/index.html.

Kaltwasser, Cristóbal, The Ambivalence of Populism. Threat and Corrective for Democracy, in: Democratization 19 (2012) 2, S. 184–208.

Kappeler, Andreas, Russische Geschichte, 8., aktualisierte Ausgabe, München 2022.

Kepel, Gilles, Chaos. Die Krisen in Nordafrika und im Nahen Osten verstehen. Aus dem Französischen von Enrico Heinemann und Jörn Pinnow, 4. Aufl., München 2019.

Kiefer, Michael, Antisemitismus in den islamischen Gesellschaften. Der Palästina-Konflikt und der Transfer eines Feindbildes, Düsseldorf 2002.

Klävers, Steffen, Decolonizing Auschwitz? Komparativ-postkoloniale Ansätze in der Holocaustforschung, Berlin 2021.

– Post-Kolonialismus und der Angriff auf die Shoah, in: Rias Hessen, documenta fifteen, „Es wurde eine dunkelrote Linie überschritten“, 2. Aufl., Marburg 2023, S. 75–83.

Koopmans, Ruud, Das verfallene Haus des Islam. Die religiösen Ursachen von Unfreiheit, Stagnation und Gewalt, 1., aktualisierte und erweiterte Aufl., München 2021.

Kroll, Charlotte, Carl Schmitt in China. Liberalismus- und Rechtsstaatsdiskurse, 1989–2018, Diss., Heidelberg 2020, https://archiv.ub.uni-heidelberg.de/volltextserver/31452/1/Kroll_2022_Carl_Schmitt_in_China.pdf.

Küntzel, Matthias, Islamischer Antisemitismus. Kennzeichen, Ursprünge, Folgen, in: Stephan Grigat (Hrsg.), Kritik des Antisemitismus in der Gegenwart (Interdisziplinäre Antisemitismusforschung Bd. 14), Baden-Baden 2023, S. 79–101.

– Nazis und der Nahe Osten. Wie der islamische Antisemitismus entstand, Leipzig 2019.

Kuran, Timur, The Long Divergence: How Islamic Law Held Back the Middle East, Princeton 2015.

Kurlantzick, Joshua, Beijing's Global Media Offensive: China's Uneven Campaign to Influence Asia and the World, Oxford 2022.

Leese, Daniel, „Der Weg des Wiederaufstiegs" – Geschichte Chinas seit 1949, in: Informationen zur politischen Bildung Nr. 337, 2/2018: Volksrepublik China, S. 8–12.

Levitsky, Steven/Ziblatt, Daniel, Wie Demokratien sterben: Und was wir dagegen tun können. Aus dem Amerikanischen von Klaus-Dieter Schmidt, 3. Aufl., München 2018.

Liu, Lucie/Bracholdt, Claudia, Die vielleicht unwahrscheinlichste Demokratie der Welt, in: Zeit Online, 21. Januar 2024, https://www.zeit.de/politik/ausland/2024-01/taiwan-demokratie-china-liberalismus-geschichte.

Lovell, Julia, Maoismus. Eine Weltgeschichte. Aus dem Englischen von Helmut Dierlamm und Norbert Juraschitz, Berlin 2023.

Löwenthal, Leo, Falsche Propheten. Studien zur faschistischen Agitation, Berlin 2021.

MacFarquhar, Roderick/Schoenhals, Michael, Mao's Last Revolution, Cambridge 2006.

Marchal, Kai/Shaw, Carl K. Y., Carl Schmitt and Leo Strauss in the Chinese-Speaking World: Reorienting the Political, Lanham 2017.

Martini, Tania/Bittermann, Klaus (Hrsg.), Nach dem 7. Oktober. Essays über das genozidale Massaker und seine Folgen, Berlin 2024.

Marx, Karl, Das Kapital 1, in: ders./Friedrich Engels. Werke 23, Berlin (Ost) 1962, S. 11–802.

Mattheis, Philipp, Die dreckige Seidenstraße. Wie Chinas Wirtschaftspolitik weltweit Staaten und Demokratien untergräbt, München 2023.

Mendel, Meron/Cheema, Saba-Nur/Arnold, Sina (Hrsg.), Frenemies. Antisemitismus, Rassismus und ihre Kritiker*innen, Berlin 2022.

Möllers, Christoph, Freiheitsgrade. Elemente einer liberalen politischen Mechanik, Berlin 2020.

Morozov, Viatcheslav, Russia's Postcolonial Identity: A Subaltern Empire in a Eurocentric World, Basingstoke 2015.

Mouffe, Chantal, Eine Grüne demokratische Revolution. Linkspopulismus und die Macht der Affekte. Aus dem Englischen von Ulrike Bischoff, Berlin 2023.

Mühlhahn, Klaus, Geschichte des modernen China, Von der Qing-Dynastie bis zur Gegenwart, 2. Aufl., München 2022.

Müller, Jan-Werner, Furcht und Freiheit. Für einen anderen Liberalismus, Berlin 2019.

– Was ist Populismus? Ein Essay, 6. Aufl., Berlin 2020.

Münkler, Herfried, Geschichtsmythen und Nationenbildung, https://www.bpb.de/themen/erinnerung/geschichte-und-erinnerung/39792/geschichtsmythen-und-nationenbildung/.

Nonn, Christoph (Hrsg.), Wie Demokratien enden. Von Athen bis zu Putins Russland, Paderborn 2020.

Nullmeier, Frank, Covid-19-Pandemie und soziale Freiheit, in: Zeitschrift für Politische Theorie 11 (2020) 1, S. 127–154, https://www.budrich-journals.de/index.php/zpth/article/view/36835.

Oertel, Janka, Ende der China-Illusion. Wie wir mit Pekings Machtanspruch umgehen müssen, München 2023.

Ohlberg, Mareike, Chinesische Widerspruchslehre zur Festlegung der Handlungsprioritäten, in: Informationen zur politischen Bildung Nr. 337, 2/2018: Volksrepublik China, S. 17.

– Der „chinesische Traum", in: Informationen zur politischen Bildung Nr. 337, 2/2018: Volksrepublik China, S. 22.

– Ideologie und die Suche nach Legitimität, in: Informationen zur politischen Bildung Nr. 337, 2/2018: Volksrepublik China, S. 16.

Ourghi, Abdel Hakim, Die Juden im Koran. Ein Zerrbild mit fatalen Folgen, München 2023.

Özmen, Elif, Was ist Liberalismus?, Berlin 2023.

Payne, George Tagungsbericht: The tomb of the Soviet Union, or the womb of Putinism? The 1993 Russian constitutional crisis,

30 years after, in: H-Soz-Kult, 23. Januar 2024, https://www.hsozkult.de/conferencereport/id/fdkn-141267.

Piecha, Oliver M., Aufstieg und Niedergang des politischen Islam, in: Fatma Keser/David Schmidt/Andreas Stahl (Hrsg.), Gesichter des politischen Islam, Berlin 2023, S. 17–75.

Piketty, Thomas, Mehr Gleichheit wagen! Für die globale Transformation des Kapitalismus, in: Blätter für deutsche und internationale Politik (2022) 10, S. 45–56.

– Eine kurze Geschichte der Gleichheit. Aus dem Französischen von Stefan Lorenzer, München 2022.

Piorkowski, Christoph David, Angriff auf den Liberalismus. Eine Lange Nacht über die Krise der Demokratie, in: Deutschlandfunk Kultur, Lange Nacht vom 8./9. Juni 2024, https://www.deutschlandfunkkultur.de/lange-nacht-demokratie-in-der-krise-angriff-auf-den-liberalismus-dlf-kultur-2298f300-100.html.

– Das Zeitalter des Xi Jinping. Chinas Selbstbewusstsein fordert die Demokratien heraus, in: Der Tagesspiegel, 20. Januar 2023, https://www.tagesspiegel.de/wissen/das-zeitalter-des-xi-jinping-chinas-selbstbewusstsein-fordert-die-demokratien-heraus-9192942.html.

– Demokratien im Kreuzfeuer. Das Lied vom guten Volk und den bösen Eliten, in: Der Tagesspiegel, 13. Januar 2023, S. 12 f.

– Der blinde Fleck. Teile der Linken und der Antisemitismus, in: Philosophie Magazin, 29. November 2023, https://www.philomag.de/artikel/der-blinde-fleck-teile-der-linken-und-der-antisemitismus.

– Die verschlungenen Pfade der Wissensmigration, in: Weltweit vor Ort. Das Magazin der Max Weber Stiftung 2 (2021), S. 22–25.

– Freiheit auf Abwegen, in: Philosophie Magazin, 4. April 2023, https://www.philomag.de/artikel/freiheit-auf-abwegen.

– Im Gespräch mit Wilhelm Heitmeyer, in: Deutschland Archiv, 16. Dezember 2023, https://www.bpb.de/themen/deutschland archiv/522277/autoritaerer-nationalradikalismus/.
– Im Zweifel gegen den Westen, in: Der Tagesspiegel, 3. Februar 2023, S. 12 f., https://www.tagesspiegel.de/wissen/demokratie-im-kreuzfeuer-im-zweifel-gegen-den-westen-9236532.html.
– In Gegenwart der Geschichte. Zeitfragen im Schlaglicht, Berlin 2023.
– Sunniten und Schiiten. Das islamische Schisma, in: Der Tagesspiegel, 15. Dezember 2016, https://www.tagesspiegel.de/wissen/das-islamische-schisma-3792847.html.
– Wie egoistisch ist unsere Freiheit?, in: Der Tagesspiegel, 18. Februar 2023, https://www.tagesspiegel.de/wissen/demokratie-im-kreuzfeuer-wie-egoistisch-ist-unsere-freiheit-9358526.html.
Post, Ulrich, China hat die Armut ausgerottet. Wirklich?, in: Welternährung. Das Fachjournal der Welthungerhilfe (04/2021), https://www.welthungerhilfe.de/welternaehrung/rubriken/ent wicklungspolitik-agenda-2030/china-erklaert-das-ende-der-armut.
Potter, Nicholas/Lauer, Stefan (Hrsg.), Judenhass Underground. Antisemitismus in emanzipatorischen Subkulturen und Bewegungen, Leipzig 2023.
Priester, Karin, Rechter und linker Populismus, Annäherung an ein Chamäleon, Frankfurt a. M./New York 2012.
– Wesensmerkmale des Populismus, in: Kolja Möller (Hrsg.), Populismus. Ein Reader, Berlin 2022, S. 202–215.
Reckwitz, Andreas, Das Ende der Illusionen. Politik, Ökonomie und Kultur in der Spätmoderne, Berlin 2019.
– Die Gesellschaft der Singularitäten. Zum Strukturwandel der Moderne, Berlin 2017.
Reddaway, Peter/Glinski, Dmitri, The Tragedy of Russia's Reforms: Market Bolshevism against Democracy, Washington D. C. 2001.

Redecker, Eva von, Was ist Z-Faschismus? Die Philosophin Eva Redecker im Interview mit Moritz Rudolph, 30. Oktober 2022, https://www.bpb.de/themen/deutschlandarchiv/513092/was-ist-z-faschismus/.

Rippl, Susanne/Seipel, Christian, Rechtspopulismus und Rechtsextremismus. Erscheinung, Erklärung, empirische Ergebnisse, Stuttgart 2022.

Röhrich, Wilfried, Die Politisierung des Islam. Islamismus und Dschihadismus, Wiesbaden 2015.

Rosa, Hartmut, Resonanz. Eine Soziologie der Weltbeziehung, Berlin 2016.

– Weltbeziehungen im Zeitalter der Beschleunigung. Umrisse einer neuen Gesellschaftskritik, Berlin 2012.

Roy, Olivier/Sfeir, Antoine (Hrsg.), The Columbia World Dictionary of Islamism, New York 2007.

Rubin, Jared, Rulers, Religion, and Riches: Why the West Got Rich and the Middle East Did Not, Cambridge 2017.

Rudd, Kevin, Wettbewerb statt Waffengang. Wie sich ein Krieg zwischen China und den USA noch verhindern lässt, in: Blätter für deutsche und internationale Politik (2023) 10, S. 39–46.

Rüpke, Jörg/Linkenbach, Antje/Mulsow, Martin u.a. (Hrsg.), Religious Individualisation: Historical Dimensions and Comparative Perspectives, Berlin/Boston 2019.

Said, Edward, Orientalism, London 2019.

Salzborn, Samuel, Religionsverständnis im Rechtsextremismus. Eine Analyse am Beispiel des neurechten Theorieorgans Sezession, in: Martin Möllers/Robert von Ooyen (Hrsg.), Jahrbuch öffentliche Sicherheit 2014/15, S. 285–301.

Sansal, Boualem, Allahs Narren. Wie der Islamismus die Welt erobert. Ein Essay zur Sache. Aus dem Französischen von Regina Keil-Sagawe, 8., ergänzte Aufl., Gifkendorf 2022.

Sasse, Gwendolyn, Der Krieg gegen die Ukraine. Hintergründe, Ereignisse, Folgen, München 2022.

Schäfer, Armin/Zürn, Michael, Die Krise der Repräsentation und die entfremdete Demokratie, in: Kolja Möller (Hrsg.), Populismus. Ein Reader, Berlin 2021, S. 329–367.

– Die demokratische Regression. Die politischen Ursachen des autoritären Populismus, Berlin 2021.

Schink, Philipp, Grundrisse der Freiheit, Frankfurt a. M. 2012.

Schirrmacher, Christina, Islamismus. Wenn Religion zur Politik wird, Holzgerlingen 2010.

Schmidt, Elisabeth, Chinas Kampfansage an den Westen. Analyse der Grundsatzrede von Xi Jinping, ZDF Heute, 9. Februar 2023, https://www.zdf.de/nachrichten/politik/china-xi-grundsatzrede-100.html.

Schmidt-Glintzer, Helwig, Das neue China, Vom Untergang des Kaiserreiches bis zu Gegenwart, 8., aktualisierte Aufl., München 2021.

Schulze-Marmeling, Dietrich, Antisemitismus reloaded. Die Linke, der Staat und der 7. Oktober, Göttingen 2024.

Schwarz-Friesel, Monika, Toxische Sprache und geistige Gewalt. Wie judenfeindliche Denk- und Gefühlsmuster seit Jahrhunderten unsere Kommunikation prägen, Tübingen 2022.

Seidensticker, Tilman, Islamismus, Geschichte, Vordenker, Organisationen, 4., durchges. und aktualisierte Aufl., München 2016.

Selk, Veith, Demokratiedämmerung. Eine Kritik der Demokratietheorie, 2. Aufl., Berlin 2024.

Slobodian, Quinn, Staat ohne Macht. Die Geburt des Anarchokapitalismus aus dem Geist des Rechtsradikalismus, in: Blätter für deutsche und internationale Politik (2024) 1, S. 65–77.

– Kapitalismus ohne Demokratie. Wie Marktradikale die Welt in Mikronationen, Privatstädte und Steueroasen zerlegen wollen. Aus dem Englischen von Stephan Gebauer, Berlin 2023.

Snyder, Timothy, „Moskau ist zum Zentrum des Faschismus der Welt geworden“, in: Der Tagesspiegel, 13. April 2022, https://www.tagesspiegel.de/gesellschaft/ukraine-historiker-timothy-snyder-fur-putin-ist-die-deutsche-schuld-eine-ressource-452430.html.

Strobl, Natascha, Radikalisierter Konservatismus. Eine Analyse, Berlin 2021.

Tai, Katharin, „Vergesst niemals die nationale Erniedrigung“, in: Zeit Online, 30. September 2019, https://www.zeit.de/politik/ausland/2019-09/china-nationalismus-kommunistische-partei-70-jahre-volksrepublik/komplettansicht.

Taylor, Astra, Democracy May Not Exist, but We'll Miss It When It's Gone, New York 2019.

Teichmann, Christian, Macht der Unordnung. Stalins Herrschaft in Zentralasien 1920–1950, Hamburg 2016.

Thörner, Marc, Rechtspopulismus und Dschihad. Berichte von einer unheimlichen Allianz, Hamburg 2021.

Pfahl-Traughber, Armin, Salafismus – was ist das überhaupt? Definitionen – Ideologiemerkmale – Typologisierungen, https://www.bpb.de/themen/infodienst/211830/salafismus-was-ist-das-ueberhaupt/.

Uitz, Renáta, „Can you tell when an illiberal democracy is in the making? An appeal to comparative constitutional scholarship from Hungary“, in: International Journal of constitutional Law 13,1 (2015), S. 279–300.

Vogelsang, Kai, Kleine Geschichte Chinas, 3. Aufl., Stuttgart 2019.

Walzer, Michael, Spheres of Justice: A Defense of Pluralism and Equality, New York 1984.

Wang, Zheng, Never Forget National Humiliation: Historical Memory in Chinese Politics and Foreign Relations, New York 2012.

Weber, Isabella M., Das Gespenst der Inflation. Wie China der Schocktherapie entkam. Aus dem Englischen von Stephan Gebauer, Berlin 2023.

Weggel, Oskar, Geschichte Chinas im 20. Jahrhundert, Stuttgart 1989.

Weiß, Volker, Die Autoritäre Revolte. Die Neue Rechte und der Untergang des Abendlandes, Stuttgart 2017.

Wolkow, Leonid, Putinland. Der imperiale Wahn, die russische Opposition und die Verblendung des Westens, München 2022.

Zelik, Raul, Lieber frei als liberal, in: nd, 21. September 2018, https://www.nd-aktuell.de/artikel/1101208.liberalismus-lieber-frei-als-liberal.html.

Zuboff, Shoshana, Das Zeitalter des Überwachungskapitalismus. Aus dem Englischen von Bernhard Schmid, Frankfurt a. M./New York 2018.

Zweig, Stefan, Die Welt von Gestern. Erinnerungen eines Europäers, 40. Aufl., Frankfurt a. M. 2013.